D1389420

MARTIN LUTHER KING

Pax Christi-Boek 2005

Willy Schaeken

MARTIN LUTHER KING

Een bron die nooit opdroogt

Davidsfonds/Leuven * Pax Christi Vlaanderen

Schaeken, Willy
Martin Luther King. Een bron die nooit opdroogt

© 2005, Willy Schaeken en Uitgeverij Davidsfonds NV
Blijde-Inkomststraat 79-81, 3000 Leuven
Omslagontwerp: Daniël Peetermans
Omslagillustratie: © Bettman/Corbis

D/2005/0240/60
ISBN: 90-5826-380-0
NUR: 740

www.davidsfonds.be/www.paxchristi.be/willy.schaeken@pandora.be

We shall overcome

We shall overcome
We shall overcome
We shall overcome some day
Oh deep in my heart
I do believe oh
We shall overcome some day

We'll walk hand in hand
We'll walk hand in hand
We'll walk hand in hand some day
Oh deep in my heart
I do believe oh
We shall overcome some day

We shall live in peace
We shall live in peace
We shall live in peace some day
Oh deep in my heart
I do believe oh
We shall overcome some day

TRADITIONAL / PETE SEEGER, *Everybody Says Freedom. A History of the Civil Rights Movement in Songs and Pictures,* WW Norton & Company, New York/Londen, p. 8-9.

Amerikaanse steden ten tijde van de burgerrechtenstrijd van Maarten Luther King, Jr.

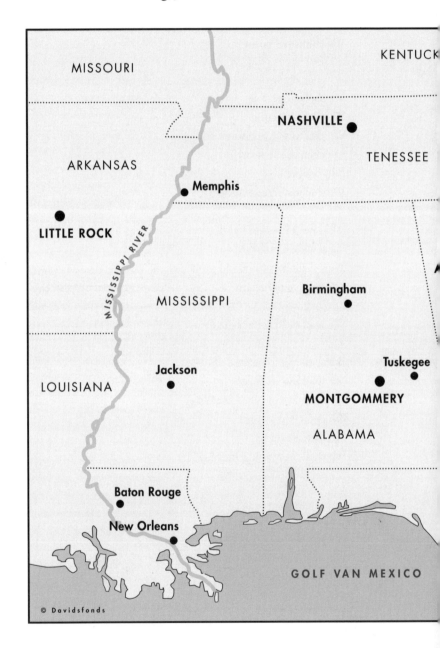

INHOUD

WOORD VOORAF

In de geschiedenis van de actieve geweldloosheid is Martin Luther King jr. een van de inspirerendste figuren. Ik ben dan ook verheugd dat Pax Christi Vlaanderen met dit boek wil aantonen hoe belangrijk deze meester in de geweldloosheid nog is voor onze tijd. Geweldloosheid is in de eerste plaats een kritiek op het geweld. Geweldloosheid klaagt immers de misdaden en tegenstellingen van het geweld aan. Geweldloosheid, zo stelde Martin Luther King, brengt de kracht van de liefde binnen in de arena van het conflict. Geweldloze actie wil de vijandigheid overwinnen en van de vijand een vriend maken: dat was het geloof dat hij met zijn leven beleed.

Inderdaad, we hebben kunnen vaststellen dat 'oorlogen povere beitels zijn om er een vredevolle toekomst mee uit te hakken', zoals Martin Luther King ons dat jaren geleden vertelde. We moeten een keuze maken. Ofwel gaan we voort op het pad dat de wereld nog dieper in oorlog en terrorisme laat zinken, ofwel ontwikkelen we een nieuwe kijk op vrede en werken we samen aan de weg van de hoop op een gezamenlijke toekomst.

De voorbije eeuw konden we zien hoe het geweldloze gedachtegoed groeide en sterker werd. Sommige van die doelgerichte acties zijn deels religieus gemotiveerd. Tijdens zijn campagne voor de onafhankelijkheid van India, deed Gandhi een beroep op de 'waarheidskracht' om de burgerlijke ongehoorzaamheid te motiveren. Martin Luther King volgde het voorbeeld van Gandhi in zijn strijd voor rassengelijkheid in de Verenigde Staten en in het evangelie vond hij inspiratie voor zijn geweldloze aanpak. Nelson Mandela en aartsbisschop Desmond Tutu hebben onvermoeibaar gewerkt om het verleden te helen en verzoening in hun land tot stand te brengen. Toonaangevend waren in de Filipijnen de vredeswerkers die samen de gemeenschap wilden opbouwen en training gaven in de actieve geweldloosheid – iets wat we nu ook zien gebeuren in Afrika, meer bepaald in het gebied van de Grote Meren.

Gebedsbijeenkomsten waren voor de oppositie in Oost-Duitsland de kern van het verzet dat leidde tot de val van de Berlijnse Muur. De ingrijpende veranderingen die Oost-Europa op zijn kop zetten, waren hoofdzakelijk het gevolg van geweldloze strategieën en vreedzaam verzet. Vandaag zouden we er goed aan doen om mensen naar Palestina en Israël uit te nodigen, om er te bidden voor de val van een andere muur, een muur die zogenaamd wordt gebouwd om de veiligheid te vergroten. Maar in werkelijkheid is het een afscheidingsmuur, die in de eerste plaats diepere haat zal voortbrengen aan beide zijden. En die haat zal het geweld aanwakkeren, wat op zijn beurt voor grotere onveiligheid zal zorgen.

Onze God is een God die leven belooft en tot hoop aanzet, een hoop die wortelschiet in het hart van ieder van ons. Zo worden we aangemoedigd om in gebed, inspanning en mededogen het beste van onszelf te geven. Die hoop zet ons aan tot grotere solidariteit en tot engagement voor de armen. Die hoop moedigt ons aan om op te komen voor de oorlogsslachtoffers en op een geweldloze manier te strijden aan de zijde van hen die geen toegang krijgen tot de voordelen van de wereldeconomie.

Ik hoop en bid dat dit nieuwe boek over Martin Luther King veel mensen zal inspireren om de weg van de actieve geweldloosheid te bewandelen. Het is tenslotte de enige weg naar een blijvende rechtvaardigheid, naar vrede en verzoening in onze wereld.

Moge de vrede van Christus met u zijn.

H.B. Michel Sabbah
Latijns patriarch van Jeruzalem
voorzitter Pax Christi Internationaal

INLEIDING

Bronwater zit vol geheimen. Het ontspringt aan de woudrand en vloeit langzaam naar de oceaan. Omdat het water de zijkanten van de bergen afslijt en de keien tot gepolijste kiezel brokkelt, bezit het vernieuwende kracht. Bronwater verwijst naar de dynamische oorsprong van ons leven, de heilvolle kiemkracht die iedere mens nodig heeft. Bronwater is leven, want al wat leeft, is uit water opgebouwd. Bronwater zuivert, maakt ons stil en doet ons denken aan de vrijheid van de zee. Martin Luther King was *een vernieuwende bron* in de Verenigde Staten. Zijn actieve geweldloosheid kwam voort uit zijn agape, de verlossende goede wil van en voor alle mensen van goede wil. Zijn visie van de *beloved community* en spiritualiteit van verzoening stelden hem in staat om de Amerikaanse samenleving diepgaand te vernieuwen. Zijn kritische houding tegenover racisme, materialisme en militarisme was als een levengevende bron die het juk van de segregatie hielp afwerpen en een nieuwe tijd aankondigde. Martin Luther King hield een intens pleidooi voor de samenhangende afhankelijkheid van de wereld, omdat de structuur van de werkelijkheid op onderlinge verbondenheid berust en de mens zijn diepste zelf pas vindt in de omgang met de ander. Als levengevende bron toonde hij een bijna onbegrensde aandacht voor zij die geen aandacht kregen of een nieuw leven wensten te beginnen. De samenbrengende bron gaf zuurstof. Waar hij stroomde, was er leven.

In dit boek staat *de relevantie van Martin Luther King voor de internationale vredesbeweging in het algemeen en Pax Christi in het bijzonder* centraal. Vanuit verschillende invalshoeken onderzoeken we de continuïteit in Martin Luther Kings (trans)historisch spreken en handelen. Blijft Kings droom van een democratische samenleving opportuun of was het maar een vluchtige zeepbel? Op welke manier kan de vredesbeweging Kings geweldloze ideaal vandaag verstaan en verwezenlijken?

Enkele prominente Vlamingen zoeken mee naar antwoorden. Ann Reymen en kardinaal Godfried Danneels houden een pleidooi voor vrede en verzoening; Johan Verminnen en Els Tibau kiezen voor kruis-draging en actieve geweldloosheid; Axelle Red en Ann DeMeulemeester worden aangesproken door Kings solidariteit en moed; Dirk Barrez en Jean-Luc Dehaene benadrukken het aspect transformatie en gezagvol leiderschap; Vera Dua en Ana da Silva Brito schenken aandacht aan Kings gemeenschappelijke hervormingsstrijd en christelijke radicaliteit. Pax Christi zoekt ook naar antwoorden. Niet alleen in haar enga-gement en visie, maar ook in haar spiritualiteit treedt Pax Christi in het voetspoor van Martin Luther King, om zo verder uit te groeien tot een dynamische vredesbeweging. Samen met de Kerken kan Pax Christi een belangrijke rol spelen in het wereldwijde verzoenings- en democrati-seringsproces. In navolging van Martin Luther King en in het spoor van andere wegbereiders van de vrede heeft de internationale vredesbewe-ging de opdracht om terug te keren naar de wortels van het evangelie en van andere spirituele bronnen van de mensheid. Die wortels herbergen immers rijke voedingssappen.

Martin Luther King had voorlopers en erfgenamen. Amos en Jesaja, Hegel en Buber, Gandhi en Thoreau, Moltman, Tillich en anderen ef-fenden het pad. Chapman, Menchú, Sölle, Tutu en vele anderen traden in zijn voetsporen. Tussen de twee theologen Schillebeeckx en King blijkt een duidelijke historische en filosofische verwantschap: hun bevrijdende engagement, maatschappij- en kerkkritische visie en perso-nalistische godsgeloof zijn meer dan raakpunten. Vanuit een open-bevrijdende visie streden zij om de verbinding tussen God en mens.

Mijn grote dank gaat uit naar Jo Hanssens, voorzitter Pax Christi Vlaan-deren, en Gio de Weerd, algemeen secretaris Pax Christi Vlaanderen. Voorts dank ik het Davidsfonds als uitgever. Ik dank Herman Janssens en Roger Vanheybeeck voor hun taalkundige correcties. Mijn dank gaat ook naar prof. dr. Clayborne Carson, directeur van het Martin Luther King Papers Project, Stanford University, San Francisco. Zijn inspan-ning om een geannoteerde, wetenschappelijke uitgave te publiceren van alle geschriften van Martin Luther King resulteert in een internationale belangstelling. Ten slotte dank ik onderstaande personen die op een of andere manier meegeholpen hebben aan dit boek: Gunther Bols, Bo Decramer, Sylvain de Bleeckere, Dirk Broos, Chris Corthouts, Francis Loyens, Francine Maris, Marie-Claire Robijns, Luc van Hilst.

Natuurlijke bronnen verdwijnen ooit, maar hemelse bronnen verdrogen nooit. 'Aan beide oevers van de rivier groeien allerlei vruchtbomen. Hun bladeren verdorren niet en ze zijn nooit zonder vruchten, omdat het water dat ze voedt, uit de Bron komt. De vruchten zijn eetbaar en de bladeren hebben geneeskracht.' (Ez 47,12)

Willy Schaeken

Ann Reymen
omroepster TV Limburg / radio Donna
medewerkster Vitaya
meter Belgische Vrouwendag

Vrede is een individuele en gemeenschappelijke opdracht

Als ik de naam 'Martin Luther King' hoor, denk ik meestal spontaan aan de mars op Washington DC in het jaar 1963. Vastberaden sprak Martin Luther King de bevolking toe: 'I have a dream', de hoop op betere tijden voor de Afro-Amerikaanse bevolking. Meer dan wie ook vertolkte King het verlangen van rechteloze mensen en meer dan wie ook maakte hij als dominee een enorme indruk op de toenmalige Amerikaanse bevolking.

Tijdens mijn lessen zedenleer ontdekte ik een andere kant van King, namelijk zijn inzet als burgerrechtenleider. Ik herinner mij nog het verhaal van die dame op de bus, mevrouw Parks, een zwarte vrouw die niet wilde opstaan en uiteindelijk in de gevangenis belandde. Rosa Parks was stoutmoedig, heldhaftig en ondernemend. De Montgomery-busboycot maakte echt indruk op mij, omdat veel mensen bereid waren persoonlijke offers te brengen en omdat de leider, Martin Luther King, zich akkoord verklaarde om de actie te dragen. De busboycot werd een massale actie: duizenden zwarten en blanken namen het voortouw, mensen zonder wapens en met alleen goede bedoelingen. Martin Luther King toonde zich de ware leider van een revolutie. Je zou kunnen zeggen dat King de juiste man op de juiste plaats en op het juiste ogenblik was. Ik denk dat ik niet alleen sta met die mening.

King was een vredesactivist van het eerste uur. Hij zag het als zijn levenstaak om, langs vredige weg, vrijheid en gelijkheid voor alle bewoners in de Verenigde Staten te realiseren. Vrede was voor hem een individuele en gemeenschappelijke opdracht. Hij leerde de mensen demonstreren zonder geweld en hij heeft ook veel ideeën op papier gezet. Op die manier laat de erfenis van King niets aan het toeval over. De Nobelprijs voor de vrede werd dan ook een terechte bekroning voor een man die zoveel mensen kon begeesteren.

Vandaag lijkt vrede ver weg. Er is niet bepaald vrede in de wereld en dat maakt mij een beetje angstig. Volgens mij verkrijg je alleen vrede als je eerst jezelf graag ziet als mens. Zo leer je ook anderen graag zien en leer je respect opbrengen voor hun cultuur, geloofsovertuiging of ideeën. De mensen moeten maar eens openstaan voor andere ideeën en niet in hun eigen (bekrompen) wereld blijven zitten. Bovendien is iedereen gehaast en gestrest. Alles moet snel gaan, zo efficiënt mogelijk, en vrede lijkt bijkomstig of voer voor zwakkelingen. Ik huiver voor die gedachte. Later wil ik me graag inzetten voor Amnesty International, Unicef, Pax Christi Vlaanderen of een organisatie die opkomt voor mensenrechten. Ik wil me dan fulltime aan die job wijden en niet tussen twee radio-uitzendingen even inspringen. Echt wel, ik wil de wereld rondreizen, kennismaken met verschillende bevolkingsgroepen en opkomen voor onderdrukte vrouwen. Op die manier kan ik misschien mijn steentje bijdragen aan de vredesproblematiek. Want vrede is mensenwerk. Vrede heeft te maken met iedereen.

1. VREDE VEILIG STELLEN

Aan het einde van de achttiende eeuw achtte de Franse filosoof Jean-Jacques Rousseau het noodzakelijk om de beschaving te beschaven. Onder invloed van de soevereiniteit van het intellect wilde Rousseau terugkeren naar de soevereiniteit van de natuurlijke ervaringen en een impuls geven aan de ontspoorde beschaving.

Misschien is het goed om de boeken van Rousseau opnieuw te lezen. Anno 2005 regeert immers de westerse rede volgens de wetten van consumptie, concurrentie, competitie, zonder bekommernis te vertonen voor de diepste oorsprong van de mens. Martin Luther King besefte dat goed. King las Rousseau, maar ook Hegel en Nietzsche. Daarom koos hij voor actieve geweldloosheid om het materialisme, racisme en militarisme aan te pakken en een vredevolle wereld te realiseren. Kings droom van de beloved community *bezielde de Duitse theologe Dorothee Sölle en betekende een inspiratiebron voor vroegere en hedendaagse vredesbewegingen.*

Het beschaven van de beschaving

Homo homini lupus of 'de ene mens is voor de andere een wolf'. Dat bekende adagium geldt zeker voor de voorbije twintigste eeuw en eens te meer voor de pas gestarte eenentwintigste eeuw. Onder druk van consumptie, concurrentie en competitie doet de hedendaagse mens er alles aan om de andere te overvleugelen en onder druk van het utilitarisme verwisselt de haastige mens het levensdoel met de levensmiddelen. Donkere krachten wellen op en overspoelen de menselijke geest. Hedendaagse oorlogen en conflicten zijn bijna niet meer te tellen: het aanslepende conflict tussen Israël en Palestina – met de problematiek van de bezette gebieden – de Amerikaanse interventie in Irak en de gijzelingen, de conflicten in Afghanistan en Pakistan, de oorlogen in de Balkan en Kaukasus, de etnische burgeroorlogen in Centraal-Afrika, de wrede aanslagen in Somalië en Soedan, de verspreiding van het internationale terrorisme sinds 11 september 2001, de mensenrechtenschendingen in Guantanamo Bay op Cuba, de dramatische afloop van de gijzeling in Beslan, Noord-Ossetië en nog zoveel meer. Onverschrokken en ostentatief toont de eenentwintigste eeuw de menselijke horror in al zijn facetten. Bovendien worden de territoriale oorlogen vervangen door economische conflicten, waarbij de economisch minder gunstige ontwikkelingen van het Zuiden danig worden aangetast. De wereld als een vaderland lijkt wel een wereld in ontbinding.

Meermaals proclameerde de Unesco dat 'oorlogen hun oorsprong vinden in de geesten van mensen en dat er in diezelfde geesten ook *verdedigingswerken van de vrede* moeten worden opgebouwd'. Edgar Morin, een Frans socioloog, heeft zijn persoonlijke opvatting over die verdedigingsmechanismen van de vrede. Hij veroordeelt 'de prometheïsche droom' van de mens en spreekt over de wereld als een vaderland. Morin schreef in 1986: 'Kenmerkend voor de mensheid is de *unitas multiplex* of de genetische, verstandelijke en affectieve eenheid van de menselijke soort die door de verscheidenheid van de culturen heen uitdrukking geeft aan haar oneindige mogelijkheden. De menselijke verscheidenheid is de rijkdom van de menselijke eenheid en die is op haar beurt de rijkdom van de verscheidenheid. Zoals we een echte communicatie tussen verleden, heden en toekomst tot stand moeten brengen, zo moeten we ook een permanente communicatie tot stand brengen tussen de etnisch-nationale eigenheden en het concrete universum van de wereld, die ons aller vaderland is.' (Unesco Koerier, 1986) Morin stelt veel belang in de werking van de democratie, waarbij naast de meerderheid ook de mening van de minderheden belang heeft en waarbij de democratische gedragsregels in brede zin worden erkend en nagevolgd. Meningsverschillen zijn geoorloofd en mogen niet uitlopen op fysieke strijd. Een nieuw concept van internationale solidariteit moet de complexiteit van de samenleving in goede banen leiden, want wat voor elk vaderland geldt, geldt ook voor de wereld als het gemeenschappelijke vaderland. De hervorming van het onderwijs en de wereldwijde alfabetisering moeten prioriteit krijgen. Daarbij veroordeelt Morin het gefragmenteerde (westerse) denken, omdat de planetaire context en de menselijke diversiteit in zulk model onrecht worden aangedaan of omdat alleen lippendienst aan het planetaire eenheidsbeginsel wordt bewezen. Het gefragmenteerde denken is eigen aan de eendimensionale mens, die zichzelf zoekt zonder rekening te houden met zijn 'zelfoverstijgende krachten'.

Een voorloper van Morin was een Franse hervormer uit de achttiende eeuw. Vanwege zijn werken *Emile* en *Du contrat social* diende Jean-Jacques Rousseau te vluchten naar Zwitserland en ook daar werden zijn werken veroordeeld. Later zou Rousseau de kans krijgen om zich te verdedigen in zijn *Lettres écrites de la montagne*, gepubliceerd in 1764. Rousseau werd geboren in 1712 in Genève. Zijn Zwitserse afkomst en onconventionele opvoeding zorgden ervoor dat hij nooit een bewonderaar van de Franse cultuur was en dat hij een kritische houding aannam tegenover de idee van de democratie. Rousseau hield van het zwerversbestaan, hij dweepte met Diderot en Chateaubriand en trok naar Parijs, waar zijn revolutionaire ideeën hun ingang vonden. Hij hekelde de soevereiniteit van de rede die de westerse cultuur al vele eeuwen beheerste en stond lijnrecht tegenover de waarden van de toenmalige beschaving. Rousseau wilde terugkeren naar de natuurstaat, waarbij de mens zijn natuurlijke instincten niet moet beteugelen of zijn natuurlijke gevoelens niet hoeft te onderdrukken. Precies de beschaving brengt het conceptuele denken voort waardoor de echte menselijke waarden verloren gaan en waardoor de mens vervreemdt van zijn ware zelf. Omdat de mens echter geen rechtsomkeer kan maken en, als het ware, veroordeeld is tot de beschaving, meende Rousseau dat het de hoogste tijd was om '*de beschaving te beschaven*' of de beschaving meer af te stellen op gevoelens en ervaringen, eerder dan op puur intellect. Zijn kritische houding tegenover de democratie en de beschaving zou later terugkeren in de denkwereld van Friedrich Nietzsche. Die laatste ging nog een stap verder en hanteerde de hamer.

'The beloved community'

'Een droom die niet wordt uitgelegd, is als een ongelezen brief', aldus een joodse uitspraak. In vele culturen worden *dromen* serieus genomen omdat ze boodschappen in zich meedragen. Boodschappen van voorouders, van het onderbewuste, van bovennatuurlijke krachten, van God. Het ene volk benut de droomboodschappen om te overleven en het andere beoefent de droomkunst om zich goed voor te bereiden op een hiernamaals. Zo beschreef Patricia Wessels de droomregels van de Senoi, een Maleisisch bergvolk.

De Senoi vertellen elke dag hun dromen en doen suggesties over goed dromen. Angsten en psychische moeilijkheden worden op die manier aangepakt, want hoe meer iemand die moeilijkheden in zijn verbeelding aanpakt, hoe meer hij ze ook in zijn psyche overwint. Mensen leven immers met veel onnodige angsten die als een rem werken op hun levensbestaan: angst om niet goed te zijn, angst om uit te komen voor je mening, angst om het vertrouwen van iemand te verliezen, angst om verlaten te worden en angst om in een groep je diepste overtuiging mee te delen. De kunst bestaat erin die angsten te kanaliseren en ze bij de oorsprong, in de eigen geest, aan te pakken.

Als tweede droomregel gebieden de Senoi om in hun dromen zoveel mogelijk te genieten. Wie droomt dat hij valt, moet proberen te vliegen of te zweven. Wie droomt dat hij de mindere is, moet proberen assertief te dromen.

Als laatste droomregel roepen de Senoi op om een waardevol geschenk uit de droomwereld mee te brengen voor het gewone leven. Dat kan een advies, een wijsheid, een probleemoplossing, een lied, een gedicht of een kunstwerk zijn. Vervolgens proberen de Senoi dat droomgeschenk in het gewone leven te realiseren: ze bespreken het advies in de dorpsraad; ze ontrafelen en interpreteren de wijsheid; ze zingen een lied; ze schilderen een doek. Tot slot neemt de dorpsraad, in overleg met de dromer, belangrijke besluiten over de toekomstige levenswandel van de dromer en van de gemeenschap. Het lijkt vreemd, maar Wessels geeft een duidelijk voorbeeld: 'De Amerikaanse psycholoog, Hermann Hilprecht, zat tot diep in de nacht zijn hoofd te pijnigen met een raadsel over het Assyrisch schrift. Hij poogde het spijkerschrift op twee verschillende stukjes agaat te ontcijferen. Toen hij ging slapen, droomde hij dat een priester uit het voor-christelijke Nippoer hem meenam naar een tempel en hem liet zien hoe de stukjes agaat oorspronkelijk aan elkaar zaten. De volgende dag bleken de delen inderdaad op elkaar te passen, waardoor de tekst leesbaar werd. Zo zijn er meer wetenschappelijke ontdekkingen gedaan.'

Behalve de nacht- en dagdromen bestaan er ook *levensdromen*. De actief ondernomen droom van vredestichters of de rebelse droom van bruggenbouwers. Het is de droom dat alles in deze wereld beter, rechtvaardiger, menselijker en aardser kan. Het is de droom van mensen die zich niet kunnen neerleggen met bestaande wantoestanden en het is de droom van zieners die in verzet komen tegen duistere krachten. Het is de droom van realistische idealisten die onrecht signaleren en spoedig hun opgang maken naar de maatschappelijke arena. Het is de droom van spelbrekers, onruststokers, oude en moderne profeten die niet terugdeinzen om de vinger op de tere wonde te leggen en die bereid zijn hun leven te geven voor hun levensdroom. Het is de droom van Martin Luther King, uitgesproken op de trappen van het Lincoln Memorial in 1963. King verduidelijkte zijn droom als '*the beloved community*' of de gemeenschap-in-liefde. Het is een kernbegrip dat we zowel in zijn gesproken als in zijn geschreven teksten terugvinden. In *Stride Toward Freedom. The Montgomery Story* (1958) noemt hij *the beloved community* 'de schepping van de gemeenschap-in-liefde als eindbestemming van de geweldloze revolutie' en in *Where Do We Go From Here: Chaos or Community?* (1967) doet hij een oproep tot een wereldomvattende gemeenschap waarin de onbaatzuchtige naastenliefde het eerste grondbeginsel vormt. Maar identificatie moet worden gevolgd door praxis. Welke inspanningen vereist die droom en welke middelen moeten worden aangewend om dat nobele doel te bereiken? Is die droom realistisch of is het een utopie voor onrealistische idealisten? Kan de uitvoering van die droom bijdragen tot de blijvende transformatie van Amerika of schuilt er in die droom slechts een tijdelijke ommekeer? Vragen waarmee King zeker geworsteld heeft en waarop hij, tijdens zijn korte leven, een daadwerkelijk antwoord trachtte te geven.

Alhoewel Martin Luther King zijn *beloved community* nooit expliciet vergeleken heeft met het Rijk Gods, vinden we toch een aantal gelijkenissen terug. Jezus' belangrijke droom van het Rijk Gods bestaat uit wezenlijke kenmerken zoals *solidariteit, heling, vertrouwen, flexibiliteit, evolutie, transformatie en transhistorie.* Door zijn bevrijdende praxis brengt Jezus metterdaad toekomst voor veel mensen en is hij bereid om een nieuwe tijd in te luiden. *Solidariteit* of opkomen voor het geheel (*solidus*) is daarbij belangrijk. De solidarisering en humanisering van Jezus steunen op het geloof in de uniciteit van de mens. Alle mensen zijn gelijk, want alle mensen zijn kinderen van God en bezitten daarom een onvervangbare waarde. Als profeet reist Jezus door Palestina en heeft hij omgang met vissers, leenplichtige boeren, schaapherders, dagloners, kinderen, vrouwen en handwerklieden. Maar hij ontmoet ook Farizeeën, Romeinen, priesters, heidenen en mensen van het toenmalige establishment. Kortom, voor Jezus tellen afkomst, rang en stand helemaal niet. In de nieuwtestamentische verhalen van de goede moordenaar, het geloof van de Kananese, het gesprek met een Samaritaanse, de genezing van de knecht van de officier, de zoon van een hofbeambte en de barmhartige Samaritaan begrijpen we Jezus' solidarisering met alle mensen op grond van zijn onwankelbare vertrouwen in een solidaire Vader. *The beloved community* van King sluit direct aan bij die gedachten.

Omdat King stelt dat geen enkel mens een eiland is, komt hij tot de volgende gedachte: 'Het "zelf" kan geen "zelf" worden zonder de "andere zelven". Gerichtheid op het eigen ik, zonder gerichtheid op de anderen, is als een zijrivier die niet uitmondt in de oceaan en alle zuurstof mist. De zijrivier verdampt of verdroogt als een alleenstaande poel, vol modder en ongedierte.' (Strength to Love, 1963)

Heling of echt medelijden vormt een tweede kenmerk van Jezus' Rijk Gods. Jezus is hulpvaardig voor benadeelden en sociaal uitgestotenen. Hij helpt zondaars en zieken en geeft hun uitzicht op een beter leven. De genezing van de blinde Bartimeüs, de innerlijke ommekeer bij Zacheüs, de genezing van Petrus' schoonmoeder verklaren Jezus' genezende en bevrijdende praxis, omdat hij zich gezonden voelt door een bevrijdende en helende Vader. In relatie tot die heling staat *het vertrouwen* of het onwrikbare geloof van enerzijds Jezus en anderzijds de hulpeloze mens. Bij de opwekking van de jongeman uit Naïn laat de moeder Jezus toe om de lijkbaar aan te raken; de blinde Bartimeüs roept luidkeels tot Jezus; de waterzuchtige en de man met de verschrompelde hand zijn Jezus gevolgd; Zacheüs kruipt zelfs in een boom om Jezus te zien; de vader van een bezeten jongen roept tot Jezus en smeekt om hulp; de honderdman zoekt Jezus op; de Kananese en de boetvaardige zondares zoeken Jezus op en vragen vertrouwvol hulp. Jezus aanvaardt het geloof van de noodlijdenden en bevrijdt hen.

Martin Luther King had zijn leven ervoor over om de medemens te bevrijden. Zijn aanvankelijke burgerrechtenstrijd werd na 1965 een economische strijd tegen de maatschappelijk-economische achterstand van de Afro-Amerikaanse bevolking. King had contacten met burgerrechtenactivisten en beleidsvoerders, joden en moslims, democraten en republikeinen, studenten en oudere mensen, mensen in de straat en leden van het Witte Huis. King stond op de bres voor bevrijding en wilde de wonde in de *American Dream* helen: alle mensen zijn gelijk, want alle mensen hebben onvervreemdbare rechten. Kings helend-nabij-zijn werd versterkt door zijn spiritualiteit van vertrouwen. Naar aanleiding van zijn toespraak in de Holt Street Baptist Church, een van zijn belangrijkste speeches, schreef hij later: 'Ik raakte bijna in paniek, overweldigd door het angstige besef dat ik het niet aankon. Op het moment dat niets meer restte dan het vertrouwen in een macht waarvan de onvergankelijke sterkte was opgewassen tegen de zwakheden en onvolkomenheden van de menselijke natuur, wendde ik mij tot God in een gebed. Kort en bondig vroeg ik de Heer mijn evenwicht te herstellen en met mij te zijn in ogenblikken waarin ik Zijn hulp meer dan nodig had.' (Montgomery, 1955) Dat godsvertrouwen maakte King tot basis van zijn menselijke vertrouwen.

Door zijn liefde tot God en de mens staat Jezus ook voor *flexibiliteit* of relativering van de wet en de tradities. Het wezenlijke doel van een mensenleven is niet de strikte naleving van wetten, maar wel het innige geluk van de mens, en daarom geeft Jezus prioriteit aan de onbaatzuchtige naastenliefde. Hans Küng schreef hierover: 'De zaak van God is niet de wet, maar de mens. Zo komt de mens zelf op de plaats te staan van de verabsoluteerde wetsordening: menselijkheid in plaats van legalisme, institutionalisme en dogmatisme. De wil van de mens vervangt weliswaar niet de wil van God, maar de wil van God wordt geconcretiseerd vanuit de concrete situatie van de mens en de medemens.' King had eveneens aandacht voor flexibiliteit. Hij zei ooit: 'In werkelijkheid krijgt de christelijke naastenliefde pas dan haar echte wezen wanneer niet meer gerekend wordt, maar bovenal de bereidheid bestaat om lief te hebben zonder een beloning te verwachten.' (Strength to Love, 1963)

Jezus' droom heeft *een evolutief karakter*, want de apostelen zijn bereid om de droom van het Rijk Gods uit te dragen over de hele wereld. Voor eenvoudigen en armen, voor zieken en zondaars, voor vertrouwvolle en hoopvolle mensen, voor murenslopers en bruggenbouwers breekt een nieuwe dageraad aan. Toch beseft Jezus zelf hoe moeilijk de mensen het zullen hebben met zijn evolutieve droom. Daarom wijst Jezus op de trage maar zekere evolutie in plaats van de haastige en onzekere revolutie. Hij vergelijkt zijn droom met het zaad, dat gezaaid wordt op goede en slechte grond, op de akker en tussen de rotsen. Veel gaat verloren, maar een deel zal rijke vrucht opleveren. Met het verhaal van de wilde vijgenboom wijst Jezus op het geduldige karakter van de evolutieve menselijke ambities. De grond omspitten, bemesten, een jaar geduld oefenen kan grote oogst opleveren. King heeft meermaals dit evolutieve karakter van de *beloved community* beklemtoond. In zijn laatste boek schreef hij: 'Als we de wil en vastberadenheid bezitten om een goed vredesoffensief te ontketenen, zullen we tot dusver stevig verzegelde deuren van hoop ontsluiten en een nieuw licht laten schijnen in de duistere vertrekken van het pessimisme.' (Where Do We Go From Here:

Chaos or Community?, 1967) Op die manier bezit zowel Jezus' Rijk Gods als Kings *beloved community een transformatief karakter*, want het verwaarloosbare mostaardzaadje groeit uit tot een vruchtbare boom en Kings moedige burgerrechtenstrijd transformeerde het maatschappelijke en politieke leven in Amerika. Vanuit zijn roeping bracht Jezus een nieuwe leer met gezag en droeg bij tot een hervorming in het joodse denken en het ontstaan van een nieuwe godsdienst. Vanuit zijn eerste roeping als predikant en zijn tweede roeping als burgerrechtenleider stelde Martin Luther King de bestaande *American Dream* sterk in vraag en droeg bij tot een nieuwe visie op vrijheid en politieke rechten. Trouwens, de Civil Rights Movement in de jaren vijftig en zestig was voortdurend onderhevig aan verandering en zorgde zelf ook voor een onomkeerbare transformatie van Amerika.

Ten slotte bezat Jezus' droom van het nieuwe verbond *een transhistorisch karakter*. Jezus' droom sloot aan bij het Davidisch messianisme en de droom van de oudtestamentische profeten. Geschokt door de ongerechtigheid van hun volk, riepen Jesaja en Jeremia op tot bekering. In de ban van een visioen onthaalden de profeten hun tijdgenoten op nietsontziende kritiek en trachtten ze het meest verborgene aan het licht te brengen. Ook King volgde dit pad. Behulpzaam wees hij de weg aan van Deutero-Jesaja en Amos en moedig prees hij de bijbelse droom van de hoop. King was bereid die droom te verwezenlijken.

Voorbij Vietnam

Op een avond in 1966 kreeg Martin Luther King een artikel over de kinderen van Vietnam in handen. Nadat hij de tekst aandachtig gelezen had, zei hij tegen zichzelf om nooit meer te zwijgen over een zaak die de ziel van Amerika en het leven van duizenden onschuldige kinderen in Vietnam vernietigde. Hij kwam tot het besluit om te spreken, om niets meer te verbloemen. De vage beloften en de hypocrisie van de Amerikaanse regering speelden King parten want 'in de handschoen van de Amerikaanse vrede zat de ijzeren vuist van de Amerikaanse oorlog verborgen'. (New York, 1967) De regering verklaarde de oorlog aan de armoede, maar financierde tegelijkertijd een oorlog tegen de armen in Azië. De regering wilde onderhandelen over burgerrechten voor zwarten, maar verwaarloosde de burgerrechten van onschuldige Aziatische

28

burgers. Cynisme ten top en King besloot te spreken. Vanuit de creatieve kracht van de geweldloosheid hield hij op 4 april 1967 zijn eerste openbare toespraak tegen de Vietnamoorlog in de Riverside Church te New York. King nam een groot risico. Hij tekende zijn testament, al besefte hij dat toen nog niet.

In zijn toespraak *Beyond Vietnam* legitimeerde King zijn roeping met de volgende woorden: 'Wij zijn geroepen om te spreken voor de armen, voor hen die geen stem hebben, voor de slachtoffers van ons land, voor hen die door ons land "vijanden" worden genoemd, want geen enkel document van menselijke hand kan van deze mensen minder dan onze broeders maken.' (New York, 1967) Voorts stelde King de revolutie der waarden centraal: 'Amerika, het rijkste en machtigste land ter wereld, kan een leidende rol spelen in een waarderevolutie. Behalve een tragische doodswens is er niets dat ons kan verhinderen onze prioriteiten anders te stellen, opdat het streven naar vrede de overhand krijgt op het streven naar oorlog. Er is niets dat ons afhoudt van het bouwen van een samenleving die gericht is op broederschap.' Tot besluit wees King op de morele fundamenten van de toenmalige Amerikaanse oorlogspolitiek en op de universaliteit van zijn *beloved community*: 'De morele wortels van onze oorlogspolitiek zijn voor mij niet onbelangrijk. Ik geloof niet dat onze regering moreel leiderschap betoont als zij de rol van politieman van de wereld wil spelen. Tijdens mijn loopbaan heb ik mij ingezet voor gerechtigheid voor alle mensen. Ik vind bijvoorbeeld dat niet alleen armoede onder zwarte mensen moet worden bestreden, maar ook onder blanke mensen. Ik zal niet zonder daden toezien hoe een onrechtvaardige oorlog woedt, zonder mijn activiteiten op het gebied van de burgerrechten ook maar het minst te verminderen.' (New York, 1967)

John Kennedy sprak ooit: 'De mensheid moet een einde stellen aan oorlog, want anders zal de oorlog een einde aan de mensheid maken.' Martin Luther King stelde dat echte geweldloosheid meer is dan de afwezigheid van geweld, maar wel de aanwezigheid van de *universele vrede*. King wilde de toenmalige bewapeningswedloop vervangen door 'een vredeswedloop', waarbij de dynamiek van de menselijke strijd wordt afgeleid naar positieve krachtmetingen. De kracht van de vrede maakte King duidelijk met een oude Griekse sage. In de Griekse literatuur is het verhaal van Ulysses en de Sirenen bewaard gebleven. De Sirenen zongen liefelijk zodat zeelui verleid werden om naar hun eiland te koersen. Vele schepen werden gelokt door de zingende Sirenen en de zeelui vergaten hun thuis, plicht en eer terwijl ze in zee sprongen om omhelsd te worden door de Sirenen. Maar allen werden omlaaggetrokken naar hun dood. Ulysses was vastbesloten niet voor de Sirenen te bezwijken en bond zich vast aan de mast van het schip. Uiteindelijk, als redder in de nood, nam Ulysses de zanger Orpheus aan boord, wiens prachtige melodieën veel mooier klonken dan de gezangen van de Sirenen. Wie zou nu nog naar de Sirenen luisteren, terwijl Orpheus zong? King zag in Orpheus de tedere vrede, die de meerdere is van de moorddadige Sirenen, en hij pleitte voor de dynamische kracht van de wereldvrede in plaats van de statische macht van de oorlog. King besloot: 'Als we de wil en vastberadenheid bezitten om een vredesoffensief te ontketenen, zullen we tot dusver stevig verzegelde deuren van hoop ontsluiten en nieuw licht laten schijnen in de duistere vertrekken van het pessimisme.' (Trumpet of Conscience, 1967)

Een kerstpreek voor de vrede

In 1967 hield Martin Luther King *een kerstpreek voor de vrede* in de Ebenezer Baptist Church te Atlanta. Wegens de interdependente samenleving hield hij een pleidooi voor een oecumenische of breed-altruïstische levenshouding. Wegens de onderlinge verbondenheid van de werkelijkheid dient de zwarte gemeenschap een perspectief voor de hele wereld te ontwikkelen en volgens dat perspectief de vrede te bewerkstelligen. Geen individu kan alleen leven en geen land kan alleen bestaan. De oecumenische levenshouding was dus een belangrijk vertrekpunt. Op de tweede plaats vond King dat het levensdoel en de levensmiddelen op elkaar afgestemd dienden te worden. Het verhaal van de menselijke geschiedenis maakt immers duidelijk hoe vaak mensen betoogden dat het doel de middelen heiligde of dat de middelen niet belangrijk waren. Alle middelen zouden goed zijn, zelfs onrechtvaardige of inhumane, als het rechtvaardige doel maar bereikt wordt. Hierover was King formeel: 'We zullen nooit vrede in de wereld krijgen voordat alle mensen erkennen dat de doelen niet te scheiden zijn van de middelen, omdat de middelen het ideaal in zijn fase van ontwikkeling en het doel in zijn fase van verwezenlijking vertegenwoordigen. In laatste instantie kun je geen goede doelen met slechte middelen bereiken, omdat de middelen het zaad vertegenwoordigen en het doel de boom vertegenwoordigt.' (Trumpet of Conscience, 1967)

In zijn kerstpreek voor de vrede bleef King ook stilstaan bij de goddelijke uniciteit van de mens. De mens is meer dan een bundeltje elektronen, hij is als kind van God geschapen naar Zijn beeld en dient bijgevolg ook als mens geëerbiedigd te worden. Daarom veroordeelde King de uitbuiting, de onderdrukking, de ongerechtigheid die – gedirigeerd vanuit het materialisme, het racisme en het militarisme – de mens verknechten of doen vervreemden van zijn diepste eigenheid. Daarom ook koesterde King zijn droom van broederschap en solidariteit opdat de mens, op zijn beurt en dus trouw aan zijn diepste goddelijke verbondenheid, een nieuwe verbondenheid aangaat met de medemens. In de broederlijkheid wordt het diepste menselijke geheim een openbaring voor andere mensen en een belangrijke schakel in de opbouw van een rechtvaardige samenleving. King sprak ten slotte: 'Ik koester vandaag nog altijd een droom dat op een dag de oorlogen ten einde zullen komen; dat de mannen hun zwaarden zullen omsmeden tot ploegscharen en hun speren tot snoeimessen; dat de volkeren niet meer zullen opstaan tegen de volkeren en dat niemand nog zal denken aan oorlog. Ik koester vandaag nog altijd een droom dat op een dag het lam en de leeuw tezamen zullen liggen en dat ieder mens zal neerzitten onder zijn eigen wijnstok en vijgenboom. Met dit geloof zullen we de dag kunnen verhaasten waarop er vrede op aarde en goede wil tegenover mensen zullen heersen. Het zal een glorierijke dag zijn, de morgensterren zullen samen zingen en de zonen van God zullen kreten van vreugde slaken.' (Trumpet of Conscience, 1967)

Tijdgenoot van Dorothee Sölle

Op 27 april 2003 overleed de Duitse theologe *Dorothee Sölle*. Ze werd 73 jaar en schreef veertig boeken over vrede, mensenrechten, christelijk geloof en bevrijding. In heel wat van haar boeken sprak zij haar grote bewondering uit voor het geweldloze engagement van Martin Luther King. In *Fantasie en gehoorzaamheid* (1970) schreef zij: 'Als we van Christus spreken, dan is datgene wat Franciscus of Martin Luther King van Jezus geleerd hebben, daarin verdisconteerd.' In *Waar het visioen ontbreekt, verwildert het volk* (1987) sprak zij: 'Het waren Noord-Amerikaanse vrienden – en daartoe reken ik ook de doden, van de opstandige slavin Sojourner Truth tot en met Martin Luther King, van Jefferson tot en met Henry David Thoreau – die mij hebben geleerd, de visioenen van mensen net zo serieus te nemen als hun huidige werkelijkheid.' In *Droom mij, God* (1997) verklaarde zij voor het Martin Luther Kingforum: 'De veranderende kracht die wij allen zoeken, groeit met de bereidheid om te lijden. Dat konden we al leren bij Jesaja en Jezus, bij Elisabeth von Thüringen en Franciscus van Assisi, maar in onze eeuw misschien bij niemand zozeer als bij Martin Luther King.'

Dorothee Sölle werd in 1929, toevallig hetzelfde geboortejaar als King, geboren te Keulen in een burgerlijk en gegoed gezin. Haar vader was een prominent jurist die later nog voorzitter van het arbeidsgerechtshof in Kassel zou worden. Van de vijf kinderen thuis was Dorothee de op een na jongste. Het gezin was lid van de evangelische kerk, maar vader Sölle liep als liberaal en intellectueel niet over van bewondering voor die kerk. Vanuit dezelfde liberale achtergrond zou vader Sölle zich verzetten tegen de ideologie van het opkomende nationaal-socialisme in het toenmalige Duitsland. Van hem erfde Dorothee de kritische zin die later een grote rol in haar theologie zou spelen.

Sölle heeft als jong meisje de Tweede Wereldoorlog meegemaakt en die ervaring heeft een sterke invloed gehad op haar visie en werk. Na de Duitse nederlaag brak ook voor haar een zoektocht naar een nieuwe oriëntatie aan, waarbij de gevestigde machten het moesten ontgelden. Sölle studeerde klassieke talen, filosofie, theologie en germanistiek en bracht Karl Marx en Bertold Brecht ter sprake in haar lessen op de middelbare school. In 1954 trad zij in het huwelijk met een kunstschilder, maar het huwelijk liep in 1960 uit op een echtscheiding. In 1969 hertrouwde Sölle met de benedictijnse pater Fulbert Steffensky en voor dit tweede huwelijk kreeg zij veel kritiek te verduren: een gescheiden, evangelisch-lutherse theologe die trouwt met een katholieke priester kon niet. Ook haar bezoeken aan de gevangen leden van de Rote Armee Fraktion, in de jaren zeventig, lokten veel kritiek uit. Door haar vlijmscherpe theologische geschriften en haar openlijke keuze voor een nieuw mensbeeld werd Sölle vanaf de jaren zeventig een gecontesteerde theologe. Spottend riep men 'Sölle Hölle' (Sölle naar de hel). Door haar moedige inzet voor de mensenrechten, de vredesproblematiek, het natuurbehoud, de rechten van de kansarmen zou Sölle een van de belangrijkste auteurs van de politieke theologie worden. Omdat ze in Duitsland een beroepsverbod kreeg, week Sölle uit naar New York, waar zij in 1975 een college systematische theologie kreeg aangeboden. Met haar reizen naar Chili, Argentinië en haar contacten met James Cone nam haar politiek-theologische interesse nog toe. Vanaf 1979 zou Sölle zich openlijk engageren in de West-Duitse vredesbeweging en kwam zij op voor de rechten van verdrukte mensen. Tegelijk bleven haar burgerlijke opvoeding, waardoor zij soms in een vijandsdenken verviel, en haar wisselende levensomstandigheden haar parten spelen. Haar leven bleef gekenmerkt door een zoektocht naar solidariteit en bevrijding, naar transformatie en transhistorisch denken.

Sölles vredestheologie samenvatten in enkele regels kunnen we nu niet. Daarom enkele aandachtspunten. In eerste instantie vertrekt Sölle steeds van een dynamische en incarnatorische visie op de werkelijkheid. Vredesactivisten zouden mensen moeten zijn die zich inmengen in onrechtvaardige toestanden om daardoor de eigen anonimiteit te overstijgen en de macht tot gedwongen anonimiteit te ontnemen. In teksten over vrede schrijft Sölle: 'Wie zich inmengt, brengt een stuk van zijn leven in, bijvoorbeeld in een instelling, die daar helemaal geen rekening mee houdt, die niet op inmenging berekend is. In de evangelies wordt van Jezus gezegd dat hij de demonen niet liet leven, omdat zij hem kenden. Hij was kenbaar geworden. Hij heeft zich gemengd in de ziekten van anderen, die toch hun zaken zijn, in de heerschappij van de demonen, die het voor het zeggen hadden.' Vervolgens hecht Sölle veel belang aan de transformatie van onrecht en ongerechtigheid. Democratie heeft met 'inmenging of incarnatie' te maken en niet met het afgrenzen van bevoegdheden en intimidatie door experts. Met veel aandacht voor de dynamiek en veranderende kracht van de werkelijkheid schrijft Sölle: 'Als wij willen leren zelf te veranderen en vredemakers te worden, moeten wij leren onszelf op te offeren en te mengen. Wij moeten daarbij leren, onszelf op te geven, bekend te maken en de indeling van onze wereld, waarin alles in bepaalde ordeningsschema's geperst wordt, op te geven. Want deze indelingen voeren ons precies daarheen, waar wij nu zijn, namelijk dichtbij een derde wereldoorlog. God mengde zich, via Jezus Christus, in de economie en in de politiek in. God wilde iets veranderen. God begon, met ons samen iets te maken, iets nieuws, dat wij vrede, vrijheid en gerechtigheid noemen. Hij begon dit rijk van God, maar zonder onze medewerking komt Hij niet verder. Omdat Hij zich ingemengd heeft echter, kunnen wij ons ook inmengen en het werk voortzetten.' (In het huis van de menseneter. Teksten over vrede, 1981)

In 1983 nam Sölle actief deel aan de *Europese vredeswerking*. Haar vlijmscherpe kritiek op – wat zij noemde – de maatschappelijke demonen bezit nog steeds een actuele waarde. **Daarbij** ontmaskert Sölle het directe verband tussen een statisch (westers) machtsdenken, dat de kloof tussen het rijke Noorden en het arme Zuiden in stand houdt, en een beveiliging van dit machtsdenken, dat eeuwenoude wortels bevat. Sölle durft te spreken en zal geregeld de vinger op de diepe wonde leggen. In haar teksten over vrede schrijft zij: 'Vrij worden we, noch door ons in onszelf terug te trekken, in het "zonder mij", noch door aanpassing aan de maatschappij, waarin generaals en miljonairs bijzonder hoog in aanzien staan. Vrij worden we, als we er actief, bewust en strijdlustig voor leren werken.'

Werken aan de wereldvrede: de erfenis van Martin Luther King

Werken aan de wereldvrede anno 2005 lijkt in menig opzicht een moedeloze strijd. Sinds 1945 heeft de wereld nog geen hele dag vrede beleefd. Honderden oorlogen zijn uitgevochten, miljoenen doden zijn gevallen. De hedendaagse kloof tussen het Noorden en het Zuiden lijkt stand te houden, bloedige conflicten verscheuren naties, het internationaal terrorisme is een alledaags gegeven en beschavingen verplaatsen zich al botsend en struikelend. Het oude ijzeren gordijn werd vervangen door een zilveren gordijn, waarbij de West-Europese welvaart verscheidene treden hoger staat dan aan de andere kant van Europa en in de rest van de wereld. In het spoor van Martin Luther King biedt de Zwitserse theoloog Hans Küng hedendaagse vredesactivisten enkele oplossingen aan. Küng hecht veel waarde aan *de dialoog* als voorwaarde tot de vrede. Waar dialogen faalden, braken oorlogen uit en waar het gesprek mislukte, begon de repressie en regeerde het ijzeren recht van de vuist. Küng vervolgt: 'Wie dialoog voert, schiet niet. Dat geldt godsdienstig-kerkelijk evenzeer: wie zich openstelt voor de dialoog, zal in zijn kerk of godsdienst niet grijpen naar disciplinering en zal discriminatie van andersdenkenden verafschuwen.' (Mondiale verantwoordelijkheid, 1992) Daarenboven pleit Küng voor *een creatief-concrete vredestheologie* die de universele solidariteit tussen christenen, joden en moslims versterkt en die duidelijk afstand neemt van een abstracte vredestheologie op de schoolbanken of aan de tafels van ministers. Küng wil een realistisch programma, uitvoerbaar en zeker niet utopisch, dat een middenweg vindt tussen een waardevol verleden en een nuttige toekomst. Ten slotte stelt deze vredestheologie de vastgeroeste denk- en machtsstructuren opnieuw in vraag en pakt de centrale verschillen tussen de godsdiensten (en naties) aan. Küng verbindt deze vredestheologie met *een eigentijdse oecumenische theologie* waarbij gelovigen niet gelijkvormig zijn in hun denken, maar precies hervormd worden door hun eenheidsdenken. Hans Küng sluit hier direct aan bij de visie van Martin Luther King. Wellicht hebben we nog moeilijke wegen in het vooruitzicht. De tocht is zwaar, dat is een feit. Maar moedige mensen laten zich niet afschrikken; moedige mensen zijn dynamische mensen die iedere statische gegevenheid in vraag stellen; moedige mensen zijn vredestichters die de innerlijk-persoonlijke *metanoia* transporteren naar een solidair-gezamenlijke *metanoia*; moedige mensen volgen het voetspoor van Dorothee Sölle of van Franciscus van Assisi of van Rigoberta Menchú of van Aung San Suu Kyi of van Mary Robinson; moedige mensen staan recht en gaan langs gelovige én politieke wegen; moedige mensen zijn geen passieve thermometers die de temperatuur van de samenleving registreren, maar actieve thermostaten die de temperatuur durven te bepalen. Of zoals Albert Einstein waarschuwde: 'De wereld is te gevaarlijk om op te leven. Niet omdat er kwaadwillende mensen zijn, maar omdat er mensen zijn die blijven zitten en het maar laten gebeuren.'

Kardinaal Godfried Danneels

doctor in de theologie
aartsbisschop Mechelen-Brussel

**Martin Luther King nam de lont van het geweld weg en
behield de kracht van de vlam**

De moord op Martin Luther King herinner ik mij nog levendig, alsof
het gisteren gebeurde. Een geweldloze vredesprofeet werd omgebracht
door geweld. Ik had nooit gedacht dat iemand als Martin Luther King,
als een vredevolle hervormer, zou aangevallen of vermoord worden.
Onschuld, verzoening en weerloosheid zijn waarden die je niet in vraag
moet stellen, laat staan in diskrediet brengen. De moord op Martin
Luther King was voor mij een schokkende ervaring, die zich nadien herhaaldelijk zou voordoen en waarvoor ik aanvankelijk geen antwoord
had. Na enige reflectie kwam ik toch tot een antwoord. Stilaan begreep
ik dat weerloosheid en kwetsbaarheid het begin inluiden van het marte-

laarschap, maar dat zij die schijnbaar verliezen, uiteindelijk zullen over-winnen. Als lammeren worden bepaalde mensen naar de slachtbank gebracht, maar de redding blijft niet uit.

Martin Luther King is een soort cluster van alle diepmenselijke deugden. Bij King heb ik altijd bewonderd dat hij kon strijden zonder grimas op zijn gelaat. De meeste revolutionairen strijden met het grimas van de weerstand of met de grijns van het onvermijdelijke duel. Ik heb dat nooit bij Martin Luther King ervaren. Hij sprak zeer duidelijk, had een vast schema van herkenbare woorden, maar sprak nooit om gelijk te krijgen. Gelaten en rustig kwam hij op voor de rechtvaardige zaak, stond op de bres voor bevrijding en bezat een enorme kracht in het beheersen van situaties. Te midden van tienduizenden zwarten slaagde Martin Luther King erin om emoties te kanaliseren en mensen als het ware te magneti-seren. Massahysterie kon hij beheersen dankzij zijn galvaniserende per-soonlijkheid en daardoor slaagde hij erin om gewelddadige spanningen om te buigen naar geweldloze inspanningen. De lont van het geweld nam hij eruit, maar de kracht van de vlam behield hij. Dat vind ik zeer sterk.

Kerkelijke en politieke beleidsvoerders hebben als voornaamste taak verzoening te brengen bij de mensen. De multipliciteit van onze samenleving, de communicatie, de rassen en talen brengen beleidsvoer-ders tot de kapitale vraag hoe je kan verzoenen. Wel, om te verzoenen moet je eerst jezelf zijn en dan de andere zichzelf laten zijn, anders vecht je tegen illusies. Je moet je identiteit beleven zonder identitair te wor-den. In het ene geval ken je jezelf en ga je op zoek naar de ander; in het andere geval ken je jezelf en geef je de andere steevast ongelijk. Op die manier krijg je een dilemma: jij of ik, want er is geen plaats voor ons twee. Identiteitsbewustzijn is de veelkleurigheid van onze samenleving erkennen opdat een veelkleurige regenboog kan ontstaan. Paulus zegt over Christus dat hij hemel en aarde, joden en heidenen een heeft gemaakt. Misschien ligt daar ook onze levensroeping van verzoening en vergeving. Dit blijft een actuele en epochale opdracht voor alle mensen, zeker in onze huidige complexe samenleving.

2. VERZOENING HEELT

Op 11 november 2004 in de vroege morgen overleed de Palestijnse leider Yasser Arafat. De begrafenisplechtigheid liep uit op chaos, want de massa verkoos Arafat zelf te begraven. In de dagen die volgden, namen Bush en Blair – een beetje opportunistisch – de kans te baat om een pleidooi voor vrede en verzoening te houden. De Palestijnse zaak zou veranderen bij de stichting van een Palestijnse natie. Verzoening leek even dichtbij. Op 10 december 1964 ontving Martin Luther King in Oslo de Nobelprijs voor de vrede. Ook hij hield een pleidooi voor verzoening. Toch was er een belangrijk verschil met Bush en Blair. King bleef namelijk niet bij de pakken neerzitten en deed er alles aan om zijn oriënterend en transformatief levensideaal waar te maken. Verzoening was Kings levenscharter en hij zou er alles aan doen om een nieuw Amerika te doen verrijzen. In Kings voetspoor traden Julius Nyerere uit Tanzania, Desmond Tutu uit Zuid-Afrika, Enrique Angelelli uit Argentinië en Rigoberta Menchú uit Guatemala. Of hoe kruisende sporen van verzoening de menselijke beschaving nog steeds bevruchten.

Een oriënterend levensideaal

Martin Luther King was *de verzoener* bij uitstek. Zowel binnen zijn geweldloos engagement als binnen zijn persoonlijk leven vinden wij een sterke drang naar verzoening. Via de traditie van de zwarte Kerk en via de hegeliaanse dialectiek van evolutie en revolutie trachtte King uitersten te vermijden en elementen uit verschillende tradities met elkaar te verzoenen. Hij richtte zijn geweldloze boodschap zowel tot blanken als zwarten, christenen als joden, oude mensen als jonge mensen, politici in Washington DC als vuilnisophalers in Memphis, geweldloze baptisten als Black Power-aanhangers, predikanten uit diverse kerken als gewone mensen in de straat, inwoners van Amerika als inwoners van andere continenten.

King zocht een verzoenende middenweg tussen de vrijheid van het kapitalisme en de gelijkheid van het communisme en trachtte de onvolkomenheden van beide systemen te verwijderen. De deur van zijn wereldhuis stond open voor iedereen en zijn godsbeeld was immanent en transcendent. Het bindmiddel of cement van dat wereldhuis noemde hij 'verzoening'. Meer dan wie ook was King bereid om dat bindmiddel te gebruiken en voortdurend te vernieuwen, afhankelijk van de tijdsomstandigheden.

Zowel bij het begin als het einde van de befaamde Montgomerybusboycot sprak King verzoenende taal: 'Onze methode zal er een zijn van overreding, niet van dwang. Onze daden moeten geleid worden door de diepgewortelde beginselen van ons christelijk geloof. De liefde moet het ideaal zijn waar wij ons naar voegen.' (Montgomery, 1955) Na de uitspraak van het Hooggerechtshof in 1956 zei hij: 'Wij moeten nu overschakelen van een protesterende houding naar een van verzoening. Het is mijn vaste overtuiging dat God zijn invloed laat gelden in Montgomery. Laat allen die van goede wil zijn, zwarten zowel als blanken, voortgaan met Hem samen te werken.' Bij de oprichting van het Student Nonviolent Coordinating Committee sprak hij: 'Het moet duidelijk zijn dat verzet en geweldloosheid op zichzelf niet goed zijn. Er is een element dat aanwezig moet zijn in onze strijd, een element dat ons verzet betekenisvol maakt. Dat element is verzoening. Ons uiteindelijke doel is de vorming van een liefdevolle gemeenschap.' (Raleigh, 1960) In zijn beroemde *Letter from Birmingham City Jail* schreef King: 'Ik hoop dat de omstandigheden mij zullen toestaan om ieder van jullie te ontmoeten, niet als voorstander van integratie of als burgerrechtenleider, maar als collega-dominee en als christelijke broeder. Laten we allen hopen dat wij in een niet al te verre toekomst de stralende sterren van liefde en broederschap in al hun schitterende schoonheid zullen zien schijnen over onze grote natie.' (Birmingham, 1963)

Tijdens de Montgomerybusboycot primeerde Kings inzet voor verzoening. Toen hij in juni 1956 van enkele dagen vakantie genoot, ontstond er tumult in de burgerrechtenbeweging van Montgomery. Een vriend van King, dominee Fields, bleek de centrale schakel. Midden in de burgerrechtenstrijd nam dominee Fields plotseling ontslag als secretaris van de plaatselijke burgerrechtafdeling en het was niet zomaar een ontslag. In een persmededeling beschuldigde Fields de bestuursleden van de plaatselijke afdeling ervan geld te misbruiken voor persoonlijke doeleinden. Fields was woedend en weigerde nog langer een beweging te vertegenwoordigen die steunde op machtsmisbruik en corruptie. Eerder die dag had Fields een oplawaai van formaat gekregen, doordat het algemeen bestuur zijn mandaat als algemeen secretaris weigerde te verlengen en doordat de aanwezige leden eenstemmig de keuze van het bestuur bijtraden. Fields baalde en besloot daarom zijn aanval op de plaatselijke burgerrechtenafdeling te richten. King wist dat Fields' beschuldigingen geen steek hielden. Maar hij zag het gevaar ook in van diens kritische houding: de vermeende aanklachten zouden leiden tot besnoeiing van de dotaties; de blanke oppositie zou een onderzoek kunnen instellen naar de financies van de plaatselijke burgerrechtenafdeling en de zwarte gemeenschap zou Fields hardhandig kunnen aanpakken. Bij zijn aankomst in Montgomery vond King de gemoederen danig in beroering. Hij was zeker niet van plan om nog meer olie op het vuur te gooien. De zwarte gemeenschap noemde Fields 'een judas', 'een verrader' en de menigte geraakte stilaan op het kookpunt. Plots begreep Fields de ernst van de situatie en gaf openlijk toe dat de beschuldigingen van corruptie voortkwamen uit een persoonlijk conflict tussen enkele bestuursleden en zichzelf. Boos en ontdaan wilde hij wraak nemen op een minder democratische wijze. Fields gaf alles toe en King vroeg nu naar een tweede verklaring op een later uur en voor de grote massa. Fields stemde toe. Rustig en gelaten sprak King later op de massabijeenkomst: 'Wij moeten deze situatie met dezelfde waardigheid en discipline het hoofd bieden als zovele moeilijke situaties uit het verleden. Geweldloosheid betekent niet alleen het zich onthouden van uitwendig geweld, maar ook van het innerlijke geweld van de geest. En daarom, in de geest van onze geweldloze beweging, doe ik nu een beroep op jullie om dominee Fields te vergeven. Zullen wij gelijk de onverzoenlijke oudere broer zijn of zullen wij het voorbeeld volgen van de liefhebbende en vergevingsgezinde vader?' (Montgomery, 1956) Na Kings toespraak stond Fields recht en hij nam het woord. Gelouterd en minzaam vroeg Fields om vergeving en onder een stevig applaus verliet hij het podium. Verzoening triomfeerde.

De kracht van verandering

Met een (bijna) anekdotisch verhaal heeft Martin Luther King ooit *de veranderende kracht van verzoening* in de verf gezet. Het verhaal ging over Kings grote voorbeeld, Abraham Lincoln. Tijdens de aanloop naar het presidentschap onmoette Lincoln een zekere Stanton, zijn grootste opponent. Stantons haat tegen Lincoln was zo diep, dat hij zich voortdurend uitliet over Lincolns uiterlijk en zich niet afzijdig hield om Lincoln te beschimpen of politiek in het nauw te drijven. Stanton zocht en vond dwaalwegen om Lincoln in het nauw te drijven. Ondanks Stantons kritiek werd Lincoln verkozen tot zestiende president van de Verenigde Staten. Op het moment van de zetelverdeling aarzelde Lincoln niet om bekwame politici uit te kiezen voor de diverse ministeriële ambten, iets waarvoor hij zijn tijd nam. Moedige en onderlegde mensen gaf hij voorname plaatsen. Ten slotte kwam het moment dat Lincoln iemand zocht voor de belangrijke post van minister van Oorlog. Dat bleek geen gemakkelijke keuze voor de president omdat het precies een aanzienlijke functie betrof. Wie koos de president? Juist, Stanton. Onmiddellijk kreeg Lincoln kritiek van zijn naaste medewerkers, maar hij antwoordde: 'Ik ken de heer Stanton en ik weet goed wat hij allemaal over mij heeft beweerd. Ik besef heel goed welke valse beschuldigingen hij over mij heeft rondgebazuind. Maar, na overleg en nadenken, kom ik tot het besluit dat hij voor deze functie de geschikste man is. Hij en niemand anders zal de belangrijke functie van minister van Oorlog ontvangen. Trouwens, maak ik dan niet mijn vijanden onschadelijk, wanneer ik ze tot mijn vrienden maak?' Hiermee besloot Lincoln zijn verzoenende toespraak. Als redder van de Amerikaanse Unie, als bescheiden houthakkerszoon met grote dromen, als bevrijder van de slaven was Abraham Lincoln een president naar het hart van vele Amerikanen. Maar van alle overgeleverde lofbetuigingen sprak die van Stanton de Amerikanen het sterkst aan. Bij Lincolns moord en begrafenis noemde Stanton hem 'een van de nobelste mannen die ooit geleefd hebben'. Opnieuw triomfeerde de verzoening.

Geleidelijkheid versus ogenblikkelijkheid

Volgens Kings visie omhelst verzoening *een geleidelijk proces* dat niet op korte termijn wonderen kan verrichten. Daders van onrecht of conflicten komen immers niet gemakkelijk los van hun vastgeroeste gewoonten, terwijl slachtoffers van geweld vaak berusten in angst. De politieke dictatuur van Haile Selassie in Ethiopië, Nicolae Ceausescu in Roemenië, Augusto Pinochet in Chili, Mobutu Sese Seko in Zaïre en Idi Amin in Oeganda zijn hierbij modelvoorbeelden. In zijn eerste boek benadrukte King de geleidelijke weg van de verzoening: 'De geweldloze benadering geeft een antwoord op de omstreden kwestie van geleidelijkheid versus ogenblikkelijkheid. Zij erkent de behoefte aan een daadwerkelijk streven naar het doel van de gerechtigheid met verstandige zelfbeheersing en redelijkheid. Maar zij erkent ook dat het immoreel is die beweging tegen te houden of door de knieën te gaan voor de handhavers van een onrechtvaardige strategie. Zij erkent dat sociale veranderingen niet van de ene dag op de andere plaatshebben. Dit noopt tot voortgaan alsof die mogelijkheid de volgende dag wel zou bestaan. Op elke beslissing moet onze reactie er een zijn van begrip en welwillendheid ten opzichte van de veranderingen die de uitspraak voor hen met zich meebrengt. Wij moeten ons zo gedragen dat onze overwinningen de rechtmatige triomf betekenen van de goede wil in alle mensen, blanken en zwarten.' (Stride Toward Freedom, 1958) Omdat de verzoening een trage maar onomkeerbare verandering teweegbrengt in het hart van de opponenten en omdat verzoening zich niet alleen richt op het uiterlijke geweld, besefte Martin Luther King al te goed dat geleidelijke veranderingen uiteindelijk de beste veranderingen zouden zijn. In het voetspoor van Jezus van Nazareth en Mahatma Gandhi, begreep King de revolutionaire urgentie om tot 'direct action' over te gaan. Maar tegelijk zag hij de evolutionaire geleidelijkheid in van de geweldloze strijd. De aanpak diende onmiddellijk en onverwijld te gebeuren, maar het uiteindelijke doel moest niet bespoedigd worden.

'Ujamaa' en 'ubuntu'

Wie heeft er nog nooit gehoord van koffie uit Tanzania? Toch wel? Tanzaniaanse koffie is eerlijke koffie, want het grootste deel van de opbrengst gaat rechtstreeks naar de planter en gewiekste grootgrondbezitters vormen een rariteit in dit prachtige Afrikaanse land. Tanzania is ook het land van de uitgestrekte wildparken, de mooie meren, de talrijke inheemse stammen, de Kilimanjaro en Julius Nyerere – de geestelijke vader van vele Tanzanianen.

Nyerere wordt geboren in 1922 als zoon van een stamhoofd. Hij krijgt het uitzonderlijke voorrecht om te mogen studeren voor onderwijzer en later krijgt hij de kans om hogere studies te doen in Groot-Brittannië. Na het behalen van zijn diploma keert hij terug naar Tanzania. Hij wil al zijn talenten in dienst stellen van het arme volk. Hij bedenkt een plan en sticht in 1954 een eigen partij. In 1962 wordt hij president van een land waar 95% leeft van primitieve landbouw; waar de gemiddelde leeftijd veertig jaar is; waar 35% van de kinderen sterft voor het tweede levensjaar; waar slechts één dokter is voor 18.000 mensen; waar nagenoeg geen onderwijs is en waar stammentwisten het land onbestuurbaar maken. Nyerere beseft zijn zware taak, maar geeft niet op. Onder invloed van het marxisme vertaalt hij de West-Europese onderdrukking van de arbeidersklasse naar de Europese onderdrukking van de Afrikaanse naties, hoewel de Europese klassentegenstellingen niet passen in een Afrikaanse context . Nyerere opteert voor een Afrikaans humanisme en laat zich inspireren door andere Afrikaanse leiders zoals Kwame Nkrumah (Ghana), Jomo Kenyatta (Kenia) en Kenneth Kaunda (Zambia). Met veel aandacht voor de waardigheid van de mens en de menselijke gemeenschap spreekt Nyerere tot zijn volk: 'Jullie moeten als broeders samenleven in dorpen, met elkaar en voor elkaar werken, jezelf leren behelpen en alles samen delen. Want Gods werk zal pas voltooid worden als velen bekwaam zijn om *wij* te zeggen in plaats van *ik*.' In het Swahilisch klonk het: '*ujamaa*'.

Niet toevallig noemt de Vlaamse auteur Steven Debroey Nyerere 'de fakkeldrager van Afrika'. Inderdaad, volgens de principes van ujamaa werkte Nyerere aan zijn droom van gerechtigheid en gelijkwaardigheid in een land waar armoede en corruptie heersten. Zelf was hij voortdurend onderweg om dorpen te bezoeken, mensen moed te geven, overal het vuur aan te wakkeren. Volgens ujamaa wilde hij dorpelingen gebouwen laten optrekken, gemeenschappelijk landbouwmaterieel laten gebruiken, jongeren laten studeren opdat in Tanzania sprake kon zijn van goed samenleven, gezondheidszorg, stromend water, voldoende onderwijs, eerlijke landbouw en handel. Volgens ujamaa dient de mens te beseffen dat hij, als mens, deel uitmaakt van de gemeenschap en dat die gemeenschap op haar beurt deel uitmaakt van de kosmos. Anders gezegd, de samenwerkende kosmos is een spiegel voor de samenafhankelijke Afrikaanse en mondiale samenleving. Die basisovertuiging wordt in de Zulu-taal omschreven als '*ubuntu*', of het zijn in de wereld als geheel, en binnen deze ubuntu neemt '*umuntu*' een centrale positie in. In navolging van Martin Buber en Emmanuel Levinas wordt de verhouding persoon/gemeenschap door de Afrikaanse denkers samengevat in het spreekwoord '*Umuntu ngumuntu ngamuntu*' of 'de mens moet zijn mens-zijn bevestigen door het mens-zijn van anderen te erkennen en op die basis menselijke verhoudingen uit te bouwen'.

In de lijn van het christelijke humanisme en in contrast met het Europese marxisme wil Nyerere in de jaren zestig zijn ujamaa verbreden tot een ujamaa-socialisme, waarbij de solidariteit onder het Tanzaniaanse volk voorop staat. Ujamaa-dorpen ontstaan en Nyerere tracht het nationale bewustzijn aan te wakkeren. Als antikolonialist tegen de Britten oogst hij veel lof, hoewel hij later, in de jaren tachtig en negentig, in de kaart zal spelen van een imperialistische destabilisatie in Centraal-Afrika. Op 77-jarige leeftijd overlijdt Nyerere en een plaatselijke bisschop eerde de vader van Tanzania met de woorden: 'Hij was het vuur op de Kilimanjaro, het vuur dat buiten onze grenzen uitstraalt en hoop wekt waar wanhoop is, liefde waar haat heerst en waardigheid waar men gebukt gaat onder vernedering. Hij was de leider van ujamaa, de verzoening tussen ik en wij, tussen persoon en gemeenschap, tussen familie en stam, tussen volkeren en naties.'

Geen toekomst zonder vergeving

In navolging van Nyerere komt de verzoening evenzeer tot uiting in het levensengagement van de anglicaanse aartsbisschop Desmond Mpilo Tutu. In navolging van bekende Zuid-Afrikanen als Albert John Luthuli (1898-1967) en Steve Biko (1946-1977) strijdt Desmond Tutu, samen met Nelson Mandela (1918), al zijn hele leven voor de rechten van het zwarte Zuid-Afrikaanse volk, zonder zijn gevoel voor menselijke waardigheid en humor te verliezen. Als oecumenische theoloog en onvermoeibare geweldloze activist kiest Tutu partij voor de meest benadeelde Zuid-Afrikanen en Afrikanen. Als kerkleider en profeet spreekt hij krachtig en legt de vinger op de tere wonde. Hij klaagt het apartheidssysteem aan, wordt secretaris-generaal van de Zuid-Afrikaanse Raad van Kerken, Anglicaans bisschop van Johannesburg en uiteindelijk aartsbisschop van Kaapstad.

Precies twintig jaar na Martin Luther King ontving Tutu in 1984 de Nobelprijs voor de vrede te Oslo. Aan het einde van zijn Nobelprijsrede zei hij: 'Laten wij proberen als vredestichters mee te werken aan de goddelijke opdracht verzoening teweeg te brengen. Als wij verlangen naar vrede, zo is ons gezegd, moeten wij ons inzetten voor gerechtigheid.

God roept ons op om met Hem mee te werken aan de komst van Zijn koninkrijk. Het koninkrijk van sjaloom, van gerechtigheid, goedheid, mededogen, samenhorigheid, naastenliefde, vreugde en verzoening.' Bisschop Tutu nam zonder aarzelen een verzoenend standpunt in. In november 1990, het jaar dat Nelson Mandela werd vrijgelaten, kwamen de verschillende Zuid-Afrikaanse Kerken bijeen in Transvaal voor een belangrijke oecumenische kerkvergadering. De Conferentie van Rustenburg zou geschiedenis schrijven. Onder de talrijke aanwezigen waren er niet alleen de Zuid-Afrikaanse Kerken – felle tegenstanders van de apartheid – maar ook de blanke, Nederduits Gereformeerde Kerk, die de apartheid openlijk steunde. Voorts namen ook pinksterkerken deel en waren er afgevaardigden van Afrikaanse onafhankelijke Kerken. In zijn openingstoespraak sprak Tutu de volgende woorden: 'Als er sprake is van verzoening, dan moeten wij – als christenen – Zijn instrumenten van vrede zijn. Wij moeten onszelf met elkaar verzoenen. De slachtoffers van onrecht en onderdrukking moeten te allen tijde bereid zijn om vergiffenis te schenken. Maar de daders van onrecht moeten ook bereid zijn spijt te betonen. Dat is immers de boodschap uit het evangelie.' Na deze openingswoorden richtte een vooraanstaande blanke theoloog van de Nederduits Gereformeerde Kerk een smeekbede om vergeving tot zijn zwarte medechristenen, namens de blanke Afrikaners. Tutu aanvaardde de smeekbede en op die manier brachten de Zuid-Afrikaanse Kerken de juiste boodschap over aan de toenmalige politici.

In het voetspoor van Martin Luther King richtte Tutu, samen met Mandela, in 1995 de Commissie voor Waarheid en Verzoening op. Een middenweg dus, tussen angst en vergelding, tussen apathie en geweld, tussen collectief geheugenverlies en Nürenbergprocessen. Het verhaal van Beth Savage bewijst dat.

Door talrijke zwarte verzetsbewegingen werd 1993 uitgeroepen tot 'het jaar van de Grote Storm'. Bij een bomaanslag in King William's Town geraakte de blanke Beth Savage zwaargewond. Zij onderging openhartchirurgie en verbleef maanden op de intensive care. Haar ouders reageerden met verbijstering omdat zij hun dochter altijd hadden geleerd om andere mensen te respecteren. Zij konden niet begrijpen waarom hun kind, opgegroeid in een gezin dat openlijk afstand nam van apartheid, het doelwit kon worden van mensen voor wie zij precies opkwam. Toch nam Beth Savage voor de Commissie voor Waarheid en Verzoening een uniek standpunt in. De amnestie voor de dader(s) wekte bij haar geen wraak- of haatgevoelens op, integendeel. Gelouterd sprak zij: 'Ik wil de dader van de bomaanslag ontmoeten in een sfeer van vergeving. Ik hoop dat hij mij ook kan vergeven, om wat voor reden dan ook. Ik zou hem echt graag willen ontmoeten.' In zijn boeken spreekt Desmond Tutu voortdurend over *ubuntu*. Met enige moeite voor de vertaling kan dat begrip in het Westen het best begrepen worden als generositeit, verzoening, solidariteit. In zijn vertaalde boek *No future without forgiveness* schrijft Tutu: 'Een persoon met ubuntu is open en toegankelijk voor anderen, is positief over anderen, voelt zich niet bedreigd doordat anderen kundig en goed zijn, want hij of zij is zeker van zichzelf omdat hij of zij beseft tot een groter geheel te behoren. Hij of zij wordt slechts gekrenkt in die eigenwaarde wanneer anderen worden gekrenkt, wanneer anderen worden gemarteld of onderdrukt, of wanneer ze worden behandeld als minder dan zij zijn.' In de lijn van Kings interdependentie en Nyerere's ujamaa hield Tutu de focus op ubuntu en schreef: 'Ubuntu moet een nationaal project zijn waaraan allen een eigen bijdrage willen leveren door de taal en cultuur van anderen te leren, door de bereidheid tot schadevergoeding, door te weigeren in stereotypen te blijven denken, door een bijdrage te leveren aan een cultuur van respect voor mensenrechten, door te werken aan een inclusievere samenleving waarin de meesten, zo niet allen, het gevoel hebben erbij te horen en insiders te zijn.'

Met zijn boodschap van verzoening en verlossing had Tutu veel aandacht voor de strijdende groeperingen in het Midden-Oosten, in Noord-Ierland, op de Balkan, in Sri Lanka, Afghanistan, Angola, Soedan en Congo. Tutu's vredeswerk en verzoenende taal blijven immers niet beperkt tot Afrika. Wellicht kan Tutu's levenswerk inspiratie bieden aan strijdende continenten, opdat een gekwelde wereld opnieuw salama of shalom ondervindt. Wellicht kan de Zuid-Afrikaanse omwenteling een straaltje hoop betekenen voor militanten en racisten. Wellicht kan Nyerere's, Mandela's en Tutu's fakkel doorgegeven worden.

Eigentijdse profeten van verzoening

In veel Latijns-Amerikaanse kerken hangt naast het portret van Oscar Arnulfo Romero ook het portret van Enrique Angelelli. Maar wie was Enrique Angelelli?

Als afstammeling van Italiaanse immigranten zag Angelelli het levenslicht op 17 juli 1923 in Cordoba, Argentinië. Na zijn studies aan de Gregoriaanse Universiteit in Rome werd hij eerst hulpbisschop van Cordoba en later bisschop van het diocees La Rioja, een van de armste bisdommen van Argentinië. Pastoor Guido Eeckhout, een missionaris en vriend van Angelelli, typeert de bisschop als volgt: 'Monseigneur Angelelli was een persoon met oog voor iedereen. Voor iedereen had hij een vriendelijk woord en elke mens werd in zijn hart opgenomen. De voorkeursoptie voor de armen, duidelijk uitgesproken in Medellin en Puebla, leefde hij consequent na. Hij kon heel erg meeleven met zijn parochianen.'

Met zijn kerkelijke devies voor ogen – rechtvaardigheid en vrede – begon Angelelli na zijn aanstelling tot bisschop meteen een pastoraal plan uit te werken om de Kerk te vernieuwen. Daarbij nam hij geen blad voor de mond en was hij bereid om het bevrijdende project van Romero te verbreden. Angelelli stond voor een Kerk van de 'menselijke promotie', waarbij de verdrukte mens zijn waardigheid terugvindt en opnieuw leert voor zijn rechten op te komen. Die menselijke promotie werd gewaarborgd door een menselijke Kerk, een Kerk die durft te spreken en een Kerk die Christus dichter bij de mensen brengt. Vrede en gerechtigheid vormden de fundamenten van Angelelli's kerkmodel.

Spoedig wekte de Argentijnse bisschop argwaan bij de gevestigde orde en de Argentijnse grootgrondbezitters. Men beschuldigde Angelelli van communisme en hij werd geviseerd en geïntimideerd. Toch hield hij stand en gaf zijn pastorale bekommernis niet op: 'Met het ene oor luisteren naar het volk, met het andere luisteren naar het evangelie.' In La Rioja transformeerde Angelelli de Kerk: progressieve, Latijns-Amerikaanse maar ook Europese priesters boden zich aan; coöperaties van boeren en arbeiders ontstonden; het onderwijs en het sociale werk kregen aandacht en de vernieuwingsbeweging van Medellin verrichtte wonderen. Maar dan greep in 1976 het Argentijnse leger de macht en installeerde generaal Videla de dictatuur. De tegenstellingen tussen het kerkelijk-politieke establishment en de vernieuwingsbeweging onder leiding van Angelelli bleken groot en het kwam tot een open conflict tussen de legerbisschop en Angelelli. Het conflict ging over het sociale onrecht dat in stand gehouden werd door het leger en de politieke bewindslieden. In Chamical, een klein dorpje met zilver- en goudmijnen, kwamen er spanningen tussen de grootgrondbezitters en de kleine boeren, tussen mijndirectie en plaatselijke arbeiders. De twee priesters die zich aan de zijde van de onderdrukte boeren schaarden, werden later vermoord teruggevonden. Toen Angelelli de homilie hield voor 'twee martelaren die voor het evangelie hadden getuigd', besefte hij pas goed hoe gevaarlijk de maatschappelijke situatie was. Toch stelde hij een gedetailleerd rapport op en dacht eraan een onderzoek in te stellen. Hij zou enkele weken bij de boeren van Chamical blijven om hen te steunen en te troosten. Op 4 augustus 1976 vertrok bisschop Angelelli, in het gezeldschap van een medeconfrater, van Chamical naar La Rioja en een paar kilometer voorbij de kazerne van Chamical stortte hun wagen in een ravijn. De confrater overleefde het ongeluk en getuigde later dat er moord in het spel was. Angelelli werd vermoord en zijn documenten die de moord op de twee priesters moesten aantonen, zijn nooit teruggevonden.

Bij de begrafenis van Angelelli liepen duizenden arme mensen samen, terwijl ze het lijflied van de bisschop zongen: *We shall overcome*. Toevallig ook het lijflied van Martin Luther King.

Behalve Enrique Angelelli en Oscar Arnulfo Romero is vandaag Rigoberta Menchú geen onbekende in Latijns-Amerika. De gruwelijke beelden uit Guatemala over doodseskaders, verdwijningen, terreur, vluchtelingen, platgebrande dorpen, drugshandel en schendingen van de mensenrechten zijn haar niet vreemd.

Rigoberta Menchú werkte al op de velden van de grootgrondbezitters toen zij nauwelijks vijf jaar was en in ruil voor het slavenwerk ontving zij een minimumloon. Rigoberta is een Maya-Quiché-Indiaanse. De Quichés vormen de grootste indiaanse bevolkingsgroep van Guatemala en hun naam betekent 'vele bomen' (wegens het dichtbeboste hoogland waar ze wonen). Rigoberta' s vader was destijds lid van een boerenvakbeweging die betere werkvoorwaarden en hogere lonen van de grootgrondbezitters wilde afdwingen. Maar in 1980 sloeg het noodlot toe. De vader werd in volle repressie vermoord; de broer van Rigoberta werd in het openbaar geëxecuteerd; haar moeder werd vermoord; een andere broer stierf door ondervoeding en een derde broer kwam om nadat hij pesticiden had ingeademd. Rigoberta vluchtte naar Mexico, niet om zich terug te trekken, maar om de fakkel over te nemen van haar vader die ooit zei: 'Als ik sterf, moeten jullie de strijd voortzetten, want het is een strijd van ons allemaal en het is een strijd van onze voorouders.'

In 1992 ontving Rigoberta Menchú de Nobelprijs voor de vrede. Een grote eer voor een vrouw die in armoede geboren was en nooit een officiële school had bezocht. Weldra keerde zij terug naar Guatemala en sprak verzoenende woorden: 'Strijden om mensenrechten te verdedigen kan je niet op één enkele plaats doen met één of twee mensen. Duizenden mensen in de wereld kunnen nog steeds niet van hun mensenrechten genieten. Wij hebben de collectieve plicht om voor hun rechten te vechten.'

Pleidooi voor verzoening

Het einddoel van de geweldloze strijd noemde King *verzoening en verlossing*. Wat op de geweldloosheid volgt, is de schepping van de *beloved community*, terwijl het geweld slechts wordt gevolgd door tragische verbittering. De mens keert zich steeds opnieuw naar de verderfelijke *lex talionis*, terwijl King aan hogere wetten gehoorzaamde en de mens wees op de kracht van verzoening. Omwille van de menselijke waardigheid stelde King zijn hele leven in dienst van verzoening en omwille van de mens was hij bereid hiervoor offers te brengen.

De hedendaagse vredesbeweging gehoorzaamt eveneens aan hogere wetten. In 1997 kwamen meer dan 100.000 Europese christenen samen in Graz voor de Tweede Europese Oecumenische Bijeenkomst. Het thema was 'Verzoening, gave van God, bron van nieuw leven'. Behalve kerkelijke thema's kwam de maatschappelijke dimensie van de verzoening sterk aan bod in Graz.

Vanuit de Vlaamse Werkgroep Oecumenisch Proces stelde Jef van Hecken dat Pax Christi Internationaal, de Bond van Verzoening en het interkerkelijk samenwerkingsverband Church and Peace het initiatief namen in Graz een echt Huis van de Vrede uit te bouwen, waarbij bezoekers uit verschillende landen ideeën konden uitwisselen over vrede en verzoening. Pax Christi Internationaal bracht ook twee geëngageerde jonge mensen uit Israël en Palestina samen: Shay Shoshany en Sami Awad. Zij hadden elkaar nooit eerder ontmoet en waren beiden getekend door de nefaste historische feiten in hun geboorteland. Maar in Graz deelden zij dezelfde kamer. Ze waren er beiden van overtuigd dat dialoog en verzoening hen uit de spiraal van geweld konden halen, goed beseffende welke cultuurverschillen er bestonden tussen beiden. Omdat Shay en Sami in Graz vrienden voor het leven werden, bemiddelde Pax Christi Duitsland voor een Centrum voor Ontmoeting en Communicatie. Terecht stelde Jef van Hecken, toenmalig secretaris van Pax Christi Vlaanderen, dat de Kerken, samen met de vredesbeweging, een belangrijke rol kunnen spelen in het wereldwijde verzoeningsproces. In alle Europese landen zouden de Kerken vredesmissies, vredesdiaconieën en burgervredesdiensten kunnen oprichten of sensibiliseren. Meer en meer zou de westerse Kerk dan herbronnen of terugkeren naar haar oorspronkelijke wortels van het sociale evangelie. Die wortels zouden wel eens rijke voedingssappen kunnen herbergen.

Johan Verminnen
chansonnier/singer-songwriter
peter Lilianefonds (gehandicapte kinderen)
pleitbezorger van het statuut voor de muzikant

Zeg me wat je denkt en ik weet wie je bent

In april 1968 bezaten we thuis, in Wemmel, nog maar pas een zwart-wittelevisie. Tijdens die turbulente periode gingen we als kameraden betogen en schaarden we ons, met alle idealen die we toen hadden, achter de gedachte Leuven-Vlaams. En plots meldde het journaal het onheilspellende nieuws: Martin Luther King was vermoord. Dat beeld herinner ik mij nog goed, samen met het beeld van Kings trouwste kompaan Jesse Jackson.

Martin Luther King blijft voor mij de onbetwistbare leider van het geweldloze verzet en de profeet van de gelijkberechtiging tussen zwarten en blanken. King predikte een boodschap van vrede, maar spoedig kreeg hij af te rekenen met onvrede en radicalisatie. Het was de tijd van Black Power. Tijdens de Olympische Spelen zag ik zwarte atleten hun vuist oprichten terwijl op de achtergrond het Amerikaanse volkslied weerklonk. Daarom heb ik een probleem met de continuïteit van Kings boodschap; je vindt de radicalisatie van de jaren zestig immers ook vandaag nog terug in heel wat Amerikaanse getto's.

De moord op King was een nachtmerrie voor Amerika. Vergeten we ook niet de dreigementen, vervolgingen, arrestaties, aanslagen die King bijna dagelijks onderging en waarop hij wellicht geen passend antwoord had. Het kruis tekende zijn leven.

Ons leven vandaag wordt ook getekend: de onderdrukking van hele bevolkingsgroepen in Darfur, het onrecht in Oost-Congo, het aanslepende Palestijns-Israëlische conflict, de natuurramp in Zuidoost-Azië zijn actuele wereldproblemen die direct verwijzen naar het menselijke lijden. Kruisdraging kan voor mij, maar sublimatie van het lijden niet. Ik geloof nooit dat het lijden van de mensen in Darfur of Zuidoost-Azië de oplossing is voor de menselijke zingeving of voor het menselijke lijdensvraagstuk. Ik weiger dat te geloven omdat het geen echte kruisdraging is. Het lijden is nooit een alibi om je maar koest te houden in dit leven en geduldig af te wachten tot een later leven. De doctrine van door-te-lijden-verbeter-je-de-wereld gaat aan mij volledig voorbij. Voor mij moet iedereen kreeft en oesters kunnen eten.

Toen we in Afrika voor het Lilianefonds rondreisden, zorgden we onder andere voor medische begeleiding van kinderen. In Kameroen leerde ik het verhaal van de slangen en de vissen kennen: de slangen zijn de kinderen met een handicap, die in de jungle terechtkomen en verorberd worden door de wilde dieren, terwijl de vissen de kinderen zijn die in de stroom gegooid worden omdat ze niet voor zichzelf kunnen opkomen. Dat zijn realiteiten van vandaag en dat lijden mag je nooit sublimeren.

Lijden zal altijd blijven bestaan. Martin Luther King besefte dat en wij weten dat ook. In wezen ben ik een optimist, zeker geen theoreticus, maar wel een realist die openstaat voor het leven. Als we onszelf wat beter in de hand houden, ons hart openstellen voor de naaste mens, dan komen we al een heel eind ver. Een belangrijke slogan in mijn leven bevestigt die gedachte: 'Zeg me wat je denkt en ik weet wie je bent.'

3. KRUISVLUCHT OF KRUISDRAGING

Het kruis stelt de mens in vraag. Het stelt de mens onontkoombaar voor de vraag wie hij is en wie hij wil zijn. De ene mens ziet in het kruis het onvermijdelijke kwaad in onze wereld en de andere mens ziet in het kruis een teken van geluk of een teken van Gods onvoorwaardelijke liefde tot de mens. Hoe het ook zij, Martin Luther King zag in het kruis een beeld van verzoening tussen alle tegenstrijdigheden in ons menselijke bestaan. Geen propagandistisch beeld van het christendom, maar wel een uitnodiging om de tegenstellingen in onze wereld te verzoenen en om onze onvervulde dromen tot vervulling te brengen. King beschouwde het kruis als een beeld dat orde bracht in de desoriëntatie van zijn tijd. Het kruis heelde en bood King de weg naar zelfwording. Juist wegens zijn rotsvast geloof stelde King zijn leven in dienst van de veranderende kracht van het vrijwillig aanvaarde lijden of van de kracht van het Offerlam. Tijdelijke teleurstellingen kon hij aanvaarden zonder de boventijdelijke hoop op te geven en zonder het licht van de nieuwe dageraad te versmaden. Voor de hedendaagse mens een aanvaarden dat misschien alle verstand te boven gaat.

Onvervulde dromen

Op 26 december 2004 had in Zuidoost-Azië een zware aardbeving plaats. In de Indische Oceaan schuurde de Soendaplaat tegen de Indische plaat, waardoor het fenomeen van de tsoenami's of vloedgolven spoedig in werking trad. Op een zonnige ochtend sloeg de dood toe. De inwoners en toeristen van Indonesië, Sri Lanka, Thailand, Maleisië, India, Andaman, Myanmar, de Malediven werden verrast en vochten tegen het kolkende water. Niet de meting op de schaal van Richter of het aantal slachtoffers sprak op dat moment tot de verbeelding, maar wel het feit dat de dood plots toesloeg op een enorm grote schaal. Vissers in volle zee, spelende kinderen op het strand, toeristen in de parken of hotels, allen werden slachtoffer van een nietsontziende muur van water. Internationale hulporganisaties kondigden de hoogste alarmfase af en deden er alles aan om watervervuiling, voedseltekorten en epidemieën tegen te gaan. Gezien de hoge bevolkingsdichtheid op de kuststroken en de kwetsbaarheid van de getroffen leefgemeenschappen ontstond de ergste natuurramp uit de naoorlogse geschiedenis. De zee geeft en neemt. Weerloze vissers zagen *hun levensdroom* in het niets verdwijnen.

Soms zien mensen hun droom verdwijnen als een nietige zeepbel. Mahatma Gandhi beleefde, na een jarenlange onafhankelijkheidsstrijd, een bloedige godsdienstoorlog tussen hindoes en moslims, waardoor zijn droom van de multireligieuze Indiase samenleving op de helling kwam te staan. Woodrow Wilson stierf voor hij de vervulling van zijn hoogste ideaal, de oprichting van de Volkenbond, tot stand had gebracht. Jezus bad in Getsemane of de drinkbeker hem zou voorbijgaan en Paulus smeekte herhaaldelijk om hulp en verlossing. Nietzsche en Rimbaud kregen paranoia en Vincent van Gogh ontving erg matige erkenning tijdens zijn leven.

Het lijkt wel alsof onvervulde dromen een waarmerk zijn van het menselijk bestaan en alsof de mens weinig vat heeft op de verwezenlijking van zijn idealen. Dwars door ons leven loopt immers de scheur van het noodlot en dwars door de geschiedenis loopt de ader van het onvoorspelbare. Gelaten moet de mens toezien.

Martin Luther King beschreef het lijdensvraagstuk in zijn homilie *Onvervulde dromen* en zocht meteen ook naar mogelijke antwoorden. Wrok of hardvochtigheid, introvertie of onverschilligheid, fatalisme of verlammend determinisme tegenover het mysterie van het lijden wees King resoluut van de hand. Het antwoord op het lijdensvraagstuk zocht hij in 'een gewillig aanvaarden van ongewenste en onfortuinlijke omstandigheden, terwijl wij nog een stralende hoop in het hart blijven dragen. Niet het grimmige, bittere aanvaarden van de fatalist, maar de overwinning die ligt opgesloten in de moedige houding van Jeremia. Nooit zullen we de boventijdelijke hoop mogen opgeven. Alleen zo zullen we kunnen leven zonder de afmatting van de bitterheid en de droesem van de wrok.' (Strength to Love, 1963) Via Paulus' leven en getuigenis kwam King tot een innerlijke rust te midden van zware lasten en ging hij op zoek naar uitwegen. Zoals Paulus kwam King tot een kernachtig besluit: 'Of wij in staat zijn de verijdeling van onze dromen in scheppende zin te verwerken, hangt tenslotte af van ons vertrouwen in

God. Het waarachtige geloof doordringt ons van de overtuiging dat achter de tijd een goddelijke geest werkt en dat achter het leven het Leven is. Gods scheppende kracht is met dit aardse leven niet uitgeput, Zijn majesteitelijke liefde niet besloten binnen de ommuring van ruimte en tijd. God heeft door Christus aan de dood zijn prikkel ontnomen en ons bevrijd van zijn heerschappij. Ons aardse leven is een voorspel tot een heerlijk nieuw ontwaken en de dood is een open poort waardoor we ingaan tot het eeuwige leven.' (Strength to Love, 1963)

De dood van het kwaad op de oever van de zee

In zijn homilie *De dood van het kwaad op de oever van de zee* gaf Martin Luther King aan het probleem van het lijden een persoonlijke en gelovige uitleg. Geïnspireerd door het Exodus-verhaal stelde King dat het kwade de kiem van de eigen vernietiging in zich draagt. 'Niet voor het donker genoeg is, zie je de sterren. De bij bevrucht de bloem die zij bestreelt'. Het kwade is zelfdestructief, zoals de Grieken al hadden aangeduid met het verhaal van Nemesis. King besefte dat maar al te goed. Vervolgens begreep King dat God meestrijdt en de mens nooit aan zijn lot overlaat. In zijn boek *Strength to Love* schreef King een mooie parafrase van Gods eeuwige nabijheid: 'In India hebben mijn vrouw en ik een heerlijk weekend doorgebracht in de staat Karala, de zuidelijkste punt van dit uitgestrekte land. We bezochten het prachtige strand langs Kaap Comorin, de plaats waar het land van India ophoudt. Voor je uit zie je niets dan een wijde uitgestrektheid van aanrollende golven. Het is een prachtige plek, het punt ook waar de drie grote zeeën in elkaar overgaan: de Indische Oceaan, de Arabische Zee en de Golf van Bengalen. Zittend op een rots die even vooruitsteekt in de oceaan, werden we betoverd door de uitgestrekte vlakte van geweldige watermassa's. In het westen zagen we de zon als een grote vurige hemelbol, op het punt majesteitelijk weg te zinken. Bijna was er niets meer van te zien. Toen wees mijn vrouw achter ons: Kijk eens, Martin, hoe prachtig! Ik keek over mijn schouder en zag de maan als een bol van flonkerende schoonheid. Terwijl de zon leek weg te zinken in de oceaan, leek de maan eruit omhoog te rijzen. Toen eindelijk de zon in het geheel niet meer te zien was en duisternis de aarde had verzwolgen, glansde in het oosten verheven het stralende schijnsel van de opkomende maan. Toen sprak ik met mijn vrouw. Wij allen weten dat het daglicht wijkt en we blijven staan in de troosteloze duisternis van middernacht, ogenblikken dat onze hoogste verwachtingen aan scherven vallen of dat we het slachtoffer worden van een tragisch onrecht of afschuwelijke uitbuiting. Op zulke momenten is de geest bijna overmand door verdriet en zien we nergens nog licht. Maar altijd weer kijken we naar het oosten en bespeuren daar een ander licht, dat zelfs in de duisternis schijnt en onze frustraties transformeert in een glans van licht. God heeft twee lichten: een licht om ons te geleiden in de klaarheid van de dag en een licht om ons te geleiden in het middernachtelijk uur, wanneer wij gebroken zijn door tegenslag en de sluimerende reuzen van somberheid en wanhoop opstaan in onze zielen.' (Strength to Love, 1963)

Kruisvlucht of kruisdraging

Meermaals heeft Martin Luther King de nationalistische Black Power-beweging aangeklaagd wegens haar 'kruisvluchtig karakter'. Als nihilistische beweging proclameerde Black Power de wanhoop, het onvermogen van de zwarte burger om te overwinnen en het geloof in de eeuwigheid van het getto. Als extremistische beweging deed Black Power geen beroep op het menselijke geweten omdat zij geloofde in zwart separatisme en het recht van de vergelding. Black Power sloeg op de vlucht voor het kruis en King kon die houding niet bijtreden. Hij zocht en vond andere wegen.

Tijdens de Montgomerybusboycot kwam Martin Luther King dagelijks in aanraking met het kruis. Blanke oppositieleden stelden de rechtsgeldigheid van de Montgomerybeweging in twijfel; zwarte bedienden en arbeiders werden door blanke werkgevers ontslagen omdat zij sympathie betoonden voor de protestbeweging; aan anderen werd verteld dat King zich een splinternieuwe Cadillac had aangeschaft en dat hij op communistische bijeenkomsten een graag geziene gast was; de zwarte taxiondernemingen werden na een tijd verplicht een minimumtarief te vorderen; de autopool vergde hoge bedrijfskosten en allerhande blanke tegenmaatregelen trachtten de busboycot te ontwrichten en doen ontaarden. King zelf werd op één maand vier keer gearresteerd en ontving dagelijks dreigtelefoontjes of dreigbrieven. Ku-Klux-Klan-briefkaarten en racistische pamfletten waren dagelijkse kost, zodat King zich ernstig zorgen maakte over de veiligheid van zijn gezin en zichzelf. In 1956 sprak hij tijdens een massabijeenkomst: 'Als jullie mij morgen dood mochten vinden, wil ik niet dat jullie wraak nemen. Ik vraag jullie om de protestactie voort te zetten met dezelfde waardigheid en discipline die jullie tot dusver hebben getoond.' (Montgomery, 1956)

Op 30 januari 1956 ontplofte er een bom in het portiek van Kings pastorie in Montgomery. Op het moment dat King zijn huis naderde, bemerkte hij uitgelaten zwarte burgers die hun woede en frustraties nauwelijks konden bedwingen en tot alles in staat waren. Toch sprak King: 'Raak niet in paniek en blijf kalm. Laat uw wapens thuis, want hij die het zwaard hanteert, zal door het zwaard vergaan. Onthoud deze woorden van Jezus.' In 1957 vond er een zware bomaanslag plaats op het huis van Kings dierbare vriend Ralph Abernathy; vier zwarte kerken in Montgomery werden bijna totaal verwoest; het huis van de blanke dominee Robert Graetz explodeerde; en later werd opnieuw een niet ontplofte bom in Kings huis aangetroffen. Moedig en gelaten sprak King de menigte toe: 'Wij mogen geen geweld gebruiken, vooral nu wij het slachtoffer zijn geworden van niet minder dan tien bomaanslagen. Dit is de weg van Jezus Christus, dit is *de weg van het kruis*. Wij moeten in ieder geval geloven dat onverdiend lijden verlossend is.' (Montgomery, 1957) Maar de aanslagen namen in aantal toe en King hield stand dankzij zijn onvermoeibaar geloof.

Zijn personalistische godsgeloof kwam tot uiting in het najaar van 1963 te Birmingham, Alabama. Op een septemberochtend werden toen bij een bomaanslag vier onschuldige zwarte meisjes vermoord in de Sixteenth Street Baptist Church. De blanke politie doodde eveneens een kind op straat en racistische blanke jongeren vermoordden een voorbijrijdende zwarte jongen. De vermoorde kinderen waren geen leiders van de Movement, maar wel kinderen die de zondagsschool bezochten en geen weet hadden welk noodlot hen zou treffen. Het werden martelaressen die hun leven lieten voor de toekomst van de zwarte gemeenschap. King sprak: 'Deze kinderen, onschuldig en beeldschoon, vielen ten offer aan een van de gruwelijkste misdaden die ooit tegen de mensheid werden begaan. Zij stierven een nobele dood. Zij zijn martelaressen van een heilige kruistocht voor de vrijheid en de menselijke waardigheid. God heeft nog altijd een manier om uit het kwaad iets goeds te vormen. De geschiedenis heeft steeds weer aangetoond dat onverdiend lijden verlossing brengt. Ik hoop dat u enige troost kunt halen uit de christelijke zekerheid dat de dood niet het einde is. Laat dit geloof u kracht schenken in deze dagen van beproeving.' (Birmingham, 1963) Verscheidene moordaanslagen op bekende of minder bekende burgerrechtenactivisten betekenden eveneens *een kruis* in Kings leven. Maya Lin, een Japanse kunstenares die het bekende Vietnam Memorial in Washington DC ontwierp, gaf een laatste en blijvend eerbewijs aan veertig burgerrechtenactivisten. Zij construeerde een prachtig monument, een granieten tijdsklok, met de namen van de geweldloze martelaren. Naast de klok staat een zwarte muur met een parafrase van Amos' vaak geciteerde woorden: 'Wij zullen niet ophouden tot recht geschiedt en rechtvaardigheid gemeengoed is geworden.' Het prachtige monument van Maya Lin staat niet ver van de kerk waar alles is begonnen, de Dexter Avenue Baptist Church te Montgomery, Alabama.

King droeg het kruis van de persoonlijke bedreigingen en de moorden op medestanders. Maar ook *zijn innerlijke leven* werd danig op de proef gesteld. Het is niet algemeen bekend dat King, zeker na de Selmamarsen in 1965, geregeld in het ziekenhuis verbleef en dat hij gebukt ging onder depressies. De marsen, meetings, vergaderingen, lezingen, toespraken, publicaties, interviews en onderhandelingen eisten hun tol en zorgden ervoor dat King in een constante overdruk leefde. In 1956 verklaarde een oude schoolkameraad: 'Martin had een erg druk leven, door de stress die de burgerrechtenstrijd met zich meebracht.' Later gaf King toe: 'Ik doe het werk van vijf of zes personen. Ik geef te veel van mijzelf en maak weinig tijd vrij voor rust. Als dat niet verandert, ben ik binnenkort fysiek en psychologisch een wrak.'

Uiteindelijk, mede door de heksenjacht van John Edgar Hoover, bereikte Kings geestelijke vermoeidheid een hoogtepunt in maart 1968. King kon niet meer slapen, werd niet meer rustig en sprak constant over de dood. Vrienden bemerkten zijn depressies, werden getroffen door zijn eenzaamheid en maakten zich zorgen over zijn zwaarlijvigheid. Vlak voor de Poor People's Campaign sprak burgerrechtenleider Andrew Young: 'Martin keek de dood recht in de ogen. Hij was fysiek en psychisch totaal uitgeput.'

Tijdens zijn hele leven ging Martin Luther King op zoek naar *de betekenis van het kruis*. Vanuit zijn personalistisch godsgeloof en zijn vertrouwen in een alomtegenwoordige medelijdende Vader, in de lijn van de oudtestamentische profeten, spoorde King ieder mens aan tot het dragen van het onvermijdelijke lijden. Geen kruisvlucht maar wel kruisdraging. In de lijn van Tillichs transcendente God en Wiemans immanente God was King bereid de menselijke afgrond niet uit de weg te gaan, maar vastberaden een uitweg te zoeken. In zijn homilie *Pelgrimstocht naar geweldloosheid* schreef hij: 'Ik moet bekennen dat ik weleens het gevoel heb gehad een zware last niet langer te kunnen dragen. Maar telkens wanneer een dergelijke verleiding opdook, werd ik gesterkt en gesteund in mijn vastberadenheid. De noodzakelijkheid van het kruis inziende, heb ik getracht er een deugd van te maken. Ik heb geprobeerd mijn persoonlijke beproevingen te zien als een kans om een ander mens te worden en heelmeester te zijn voor de mensen die betrokken zijn bij de tragische situatie van nu. Voor sommigen is het kruis een ergernis, voor anderen een dwaasheid, maar meer dan ooit ben ik ervan overtuigd dat het *een kracht Gods* is, die leidt tot maatschappelijke en individuele verlossing.' (Strength to Love, 1963)

De veranderende kracht van vrijwillig aanvaard lijden

Op 10 juni 1993, tijdens de 25ste Duitse Evangelische Kirchentag, hield Dorothee Sölle een verklaring voor het Martin Luther King-forum. Moedig wees Sölle naar het fundament van Kings geweldloze strijd, namelijk *zijn kracht van het vrijwillig aanvaard lijden.* Samen met de Amerikaanse King-deskundige David Garrow begreep Sölle op welke manier vrijwillig aanvaard lijden een transformatieve kracht bezit en onderschreef zij Kings religieuze identiteit via een anekdotisch verhaal.

Tijdens de tweede maand van de Montgomerybusboycot had een blanke vriend King gemeld dat er een plan bestond om hem uit de weg te ruimen. King werd radeloos. Uitgeput keerde hij terug van een bijeenkomst en ging doodmoe slapen. Opnieuw ging de telefoon. King nam de hoorn op en hoorde een onaangename stem zeggen: 'Luister goed, nikker, we zullen alles van je afpakken en zullen precies verkrijgen wat we willen hebben. Nog voor volgende week zul je spijt hebben dat je ooit naar Montgomery bent gekomen.' Martins gezicht veranderde van kleur, want hij kon de dreigementen niet langer verdragen. Hij stond op en liep heen en weer door de gang. Voor het eerst in zijn leven voelde hij doodsangst. Hij liep naar de keuken, schonk zichzelf een kop koffie in, ging aan de keukentafel zitten en overwoog hoe hij uit Montgomery kon wegkomen, zonder voor lafaard te worden uitgescholden.

Er waren geen alternatieven, hij moest weg. Ontreddderd en angstig begon hij te bidden: 'Heer, ik ben bang, de mensen verwachten leiding van mij, en als ik zonder kracht en moed voor hen sta, zullen zij gaan twijfelen. Ik kan niet meer verder. Ik ben op het punt gekomen dat ik het niet meer kan verdragen.' Precies op dat moment ervoer Martin Luther King de aanwezigheid van de Nabije Vader, zoals hij Hem nog nooit had ervaren. Op dat ogenblik spoorde een innerlijke stem hem aan om de gerechtigheid en waarheid nooit uit het oog te verliezen. Geleidelijk kreeg King weer zelfvertrouwen, zijn onzekerheid verdween en hij was bereid om tegenkantingen onmiddellijk aan te pakken. Meer dan ooit ondervond King de nabijheid van de Andere, meer dan ooit was hij bereid dat nabij-zijn als een helende kracht te koesteren en meer dan ooit was King nu in staat om alles onder ogen te zien en zeker niet te vluchten. Hij nam een besluit: hij zou niet vluchten, hij was bereid om stroomopwaarts te blijven voortgaan.

Die keukenervaring van King was volgens David Garrow en Taylor Branch Kings eerste religieuze ervaring waardoor zijn identiteitsbesef en zendingsbewustzijn vaste voet kregen. Historicus Branch schreef: 'Voor King bevestigde dit moment zijn geloof dat de essentie van religie geen grote metafysische idee is, maar iets persoonlijks, gebaseerd op menselijke ervaringen.'

Dorothee Sölle respecteerde King en beschreef dat respect in haar talrijke (vertaalde) boeken. In *Droom mij, God* typeerde zij Kings houding tegenover het lijden: 'King beleefde in de zwarte burgerrechtenbeweging iets heel anders: *de kracht van het vrijwillige, het vermijdbare lijden*. Waarom bleef Rosa Parks in de bus zitten en liet zij zich treiteren en arresteren? Waarom werd Martin Luther King niet een ontwikkelde zwarte universiteitsprofessor aan de liberale oostkust? Hij had een aangenamer leven kunnen leiden, zonder conflicten. Maar hoe meer hij bij de geweldloze beweging betrokken raakte, des te meer ging hij vertrouwen op deze kracht van vrijwillig aanvaard lijden. Er zit kracht in het bloed van het lam. Vrijwillig aanvaard lijden heeft een veranderende kracht. Later heeft King verklaard wat hij daarmee bedoelde. Hij ging ervan uit dat de samenleving lijdt aan de ziekten van racisme, haat en de ziekelijke neiging om voorrechten voor zichzelf te houden. Die ziekten worden niet alleen genezen doordat wij proberen de ellende bekend te maken, doordat wij hongerende kinderen in Afrika filmen en op de televisie brengen. Die ziekten kunnen worden genezen waar minderheden echt opstaan voor gerechtigheid in de handelsrelaties, waar zij zich niet klein laten krijgen door mislukkingen doordat zij met te weinigen zijn en onzichtbaar worden gemaakt.' (Droom mij, God, 1997)

John Lewis uit Pike County, Alabama

Martin Luther King vond in John Lewis een tochtgenoot op de weg van het verlossende lijden. *John Robert Lewis* zag het levenslicht op 21 februari 1940 in Troy, Pike County, ten zuiden van de hoofdstad Montgomery, Alabama. Samen met zijn zes broers en drie zussen groeide John op in de Black Belt, de vruchtbare streek in Centraal-Alabama die wegens haar donkere aarde een gunstige regio bleek voor de katoennijverheid. Cotton is King, katoen is koning, werd in de jaren veertig en vijftig het meest voorkomende antwoord op de vraag naar de belangrijkste landbouwproductie in Alabama. Eindeloze velden met katoen, rijp om geoogst te worden, strekten zich uit in Alabama, Mississippi, Georgia. De Deep South van weleer dweepte met katoen en in het begin van de jaren zestig had dit natuurproduct alle andere producten qua belang overtroffen. Het was goed voor ongeveer 60% van de Amerikaanse export. De zuidelijke planters, wier massale katoenwinsten op slavenarbeid berustten, verdedigden hun landhonger op basis van een grote vraag en een grote export.

John Lewis' ouders hadden een boerderij in pacht en Johns grootouders waren, net als de grootouders van Martin Luther King, *sharecroppers* of halfpachters. Het leven van sharecroppers werd veelal getekend door onderdrukking, uitbuiting, onbetaalde rekeningen, drankgebruik. Blanke zuidelijke grootgrondbezitters gaven aan kleine boeren land in pacht en een huis, kleren en zaaigoed op krediet. In ruil dienden de sharecroppers de winst te delen met de eigenaar en de jaarschuld te vereffenen. Aangezien sharecroppers niet konden lezen of schrijven en de eigenaar de boekhouding bijhield, werden de arme boeren telkens opnieuw het slachtoffer van een nachtmerrie doordat zij vastgeketend zaten aan een feodaal systeem. Meermaals zochten sharecroppers een uitweg in overmatig drankgebruik.

John Lewis was een kleine, robuuste man met een erg donkere huid en een rond gezicht. Hij had een gebrek aan verfijning en stotterde – vandaag stottert Lewis nog steeds. Lewis was een jongen van de country en tijdens zijn jeugd kon hij zich niet herinneren zelfs maar ooit een blanke gezien te hebben. Samen met zijn broers en zussen groeide hij op in armoedige omstandigheden, want op de boerderij was geen waterleiding, elektriciteit of telefoon. Lewis leek een speciale knaap, die zich graag afzonderde om te mediteren, en die even graag het werk op de boerderij aan zijn laars lapte. Hij had geen gevoel voor koeien, paarden, varkens, honden, maar kippen boeiden hem des te meer. Hij bezat veel kippen en met engelengeduld bood hij verzorging en gaf hij namen aan de kippen. Telkens wanneer er een kip werd geslacht voor het avondeten, huilde Lewis hysterisch en weigerde hij aan tafel te komen of met iemand in zijn familie te spreken. Taylor Branch schrijft hierover: 'Spoedig stond Lewis tegen zijn kippen te preken. Wanneer hij kon, ging hij stiekem naar de kippenren om voor hen te spreken en te bidden in lange, onsamenhangende preken. Bedtijd werd een religieus ritueel in het kippenhok, waarbij Lewis zijn kakelende gemeente peinzend overzag terwijl hij ze in een vredige slaap preekte. Tegen de tijd dat hij tien jaar oud was, had hij een volledig predikantschap ontwikkeld. Als er een kuiken stierf, begroef Lewis het met een droevige blik en zorgde ervoor dat er bloemen op het graf groeiden. Hij doopte ook de nieuwe kuikens. Een keer liet hij zich door zijn gebeden meeslepen en doopte hij er een te lang. Dat werd een van zijn vreselijkste jeugdherinneringen. De afschuwelijke ervaring om het levenloze kuiken uit het water te halen, bezorgde hem blijvend nachtmerries.' (De geschiedenis van een droom, 1990)

In 1957 beëindigde Lewis als eerste lid van zijn familie de middelbare school en schreef zich in aan het theologisch seminarie van Nashville, omdat daar geen collegegeld werd gevraagd. Nashville zou voor Lewis een nieuwe periode inluiden, want hij had nog nooit een grote stad bezocht, laat staan dat hij ondervinding had met de stadsmentaliteit. John Lewis was een verlegen, erg bedeesde student die tegelijkertijd bewondering voelde voor zijn geweldloze opvoeding in Pike County: hij had nooit een slag van zijn vader gehad en had in zijn jeugd nooit een geweer gezien of vastgehouden. In Nashville leerde Lewis James Lawson kennen, een voorname burgerrechtenactivist die colleges gaf in geweldloosheid en als secretaris van de Fellowship of Reconciliation goed besefte waar het allemaal om draaide. Via Lawson bestudeerde Lewis het geweldloze gedachtegoed van Gandhi, Thoreau, Niebuhr, Rauschenbusch en leerde de pioniers van de Amerikaanse godsdienstvrijheid kennen. Bovendien zou Lawson John Lewis introduceren aan de befaamde Highlander Folk School, een interraciaal vormingsinstituut in

Tennessee, waar activisten als James Bevel, Septima Clark, Stokely Carmichael, Fanny Lou Hamer, Ella Baker en Martin Luther King hun opleidig kregen. Lewis kreeg nu zin om te studeren. Op achttienjarige leeftijd ontmoette Lewis Martin Luther King en verbaasd hoorde hij King vragen: 'Zo, jij bent dus die boy uit Troy?'

In de herfst van 1958 nam John Lewis deel aan de sit-ins onder leiding van James Lawson. Als overtuigd student en gedisciplineerd gandhiaan voerde Lewis, samen met heel wat medestudenten, geweldloze acties in de gesegregeerde warenhuizen van Nashville. Hun weigering om op te staan en de warenhuizen te verlaten werd versterkt door een volstrekte beleefdheid volgens de principes van de actieve geweldloosheid. Grondige voorbereidingen en geweldloze workshops gingen evaluaties vooraf en spoedig haalden de studenten de lokale en nationale media. Lewis bewonderde Lawson en schreef later in zijn autobiografie: 'We bestudeerden het theologisch werk van Reinhold Niebuhr en lazen gretig Thoreau. We spraken over de ideeën van Chinese filosofen als Mo Ti en Lao-Tzu en lazen alles van Gandhi. Van Jim Lawson ontvingen we de idee van "het verlossende lijden", wat mij deed terugdenken aan de intensieve arbeid van mijn moeder uit Pike County. Terwijl ze zaaide, sprak zij over de graankorrel die verdwijnt om nieuwe vrucht voort te brengen. Nu kon ik dit goed begrijpen. Het menselijke lijden bezit inderdaad een helende en verlossende oerkracht die ik heb ontdekt bij de ultieme Verlosser, Jezus Christus. Die oerkracht beïnvloedt ons leven danig en zorgt voor een echte transformatie in ons leven. Het lijden affecteert ons leven en brengt de mens in contact met zijn geweten en diepste zijn. Het versterkt ons mede-lijden en verscherpt ons zondebewustzijn.' (Walking with the Wind, 1998)

Na Nashville behaalde John Lewis een bachelor in theologie en filosofie aan de Fisk University en nam begin jaren zestig deel aan de befaamde *Freedom Rides*. Hij nam risico's, werd veertig keer gearresteerd tijdens zijn leven, liep tijdens de Selma-marsen een schedelbreuk op, moest intimidaties en bespottingen toestaan, maar gaf niet toe aan geweld, uit respect voor het geweldloze ideaal. Van 1963 tot 1966 werd John Lewis de voorzitter van het Student Nonviolent Coordinating Committee en tijdens de mars op Washington mocht hij als burgerrechtenleider een toespraak houden bij het Lincoln Memorial.

John Lewis en Martin Luther King werden beste vrienden en kompanen in de geweldloze burgerrechtenstrijd. Zelfs na de moord op King in 1968 besefte Lewis hoezeer hij zelf de opdracht kreeg om de strijd voort te zetten en overwinningen te behalen. In 1981 werd John Lewis verkozen in de gemeenteraad van Atlanta en in 1986, het jaar dat Martin Luther King een officiële feestdag kreeg, verkoos de bevolking van Atlanta Lewis tot volksvertegenwoordiger van de staat Georgia.

Vandaag vervult Lewis zijn negende termijn als volkvertegenwoordiger. Hij neemt het moedig op voor de armen, de rechtelozen, de mensen aan de zijlijn van de samenleving. Talrijke eredoctoraten sieren nu de boy from Pike County, de verlegen stotteraar die een enorme transformatie onderging in zijn leven en die zelf Amerika transformeerde. Met enige trots schreef Lewis in een van zijn boeken: 'Waneer ik terugkijk naar Selma en de *Freedom Rides,* dan begrijp ik dat het gebed van *trouwe pacifisten* ons allen gered heeft. Het gebed is een krachtig instrument, ik wil het geen wapen in strikte zin noemen, een richtingwijzer waarover de mensheid beschikt. Dankzij ons engagement en ons gebed kunnen wij het lijden overwinnen. Als een natie die oog heeft voor de *beloved community* van dr. King moeten we onze voeten, handen, harten gebruiken om te verzoenen, te integreren en gemeenschap te vormen. Uiteindelijk zijn wij één familie, één volk, één huis, het Amerikaanse huis, de Amerikaanse gemeenschap.' (Walking with the Wind, 1998)

De kracht van het Lam

Gandhi sprak ooit tot zijn landgenoten dat fundamentele dingen niet alleen met het verstand maar wel met *het lijden* worden verworven. 'Want het lijden is oneindig veel machtiger dan de wetten van de wildernis om de tegenstander te bekeren en zijn oren te openen die anders dicht zijn voor de stem van de rede'. In Gandhi's voetspoor was Martin Luther King bereid om het lijden te aanvaarden als een noodzakelijke tussenstap naar bevrijding en om de kracht van vrijwillig aanvaard lijden als het ware experimenteel te ondervinden. King begreep dat de geweldloze verzetspleger bereid is het geweld zo nodig te aanvaarden, maar nooit het zelf toe te brengen. De geweldloze activist doet geen pogingen om aan gevangenschap te ontkomen en als het noodzakelijk is, zal hij de gevangenis binnentreden zoals een bruidegom het bruidsvertrek betreedt.

Over de lijdensproblematiek kan *de hedendaagse vredesbeweging* enige lessen van Martin Luther King goed gebruiken. Inherent aan het menselijk bestaan beweegt de slang van het kwaad zich voort en worden mensen verlamd door angst, ingetogenheid, onverschilligheid, ontmoediging, verdriet, vergelding of geweld. Na Auschwitz weerklonk de vraag: 'Waar is God?' De mens zocht en vond niet altijd een antwoord omdat wij mensen onze eigen God projecteren volgens onze eigen wetmatigheden. God is macht en liefde, maar precies geen menselijke macht of liefde. In de klassieke Oudheid had Epicurus dezelfde problemen met Gods almacht en liefde. Hij formuleerde het als volgt: 'Ofwel wil God het lijden wegnemen en kan Hij het niet. Ofwel kan Hij het en wil Hij het niet wegnemen. Ofwel wil Hij het niet en kan Hij het niet. Indien Hij het wil en niet kan, is Hij onmachtig. Indien Hij het kan en niet wil, is Hij ongenadig, iets wat God vreemd moet zijn. Indien Hij het niet wil en niet kan, is Hij zowel ongenadig als onmachtig en dus ook geen God. Indien Hij het wil en kan – en dat is het enige wat God past, vanwaar komt dan het kwaad en waarom neemt God het niet weg?'

Kardinaal Danneels, die in een vorig leven voorzitter was van Pax Christi Internationaal, stelde het als volgt: 'Het grote mysterie van het lijden heeft de mens nog steeds niet begrepen en hij zal het ook nooit begrijpen.' Martin Luther King verwees voortdurend naar het verhaal van de lijdende dienaar bij Deutero-Jesaja en meermaals sprak hij over de noodzakelijkheid van het lijden als voorwaarde voor bevrijding. King sprak en handelde vanuit een eigentijds verrijzenisgeloof. Onverschrokken en stoutmoedig bleef hij stroomopwaarts gaan en vertrouwen in de kracht van de dageraad. Volhardend sprak hij: '*There's power in the blood of the Lamb.*' (Strength to Love, 1963)

Els Tibau

omroepster VTM
ex-Miss Belgian Beauty
meter Autopia (autistische kinderen)

Geweldloosheid ontkiemt in je diepste zelf

Via de secundaire school heb ik Martin Luther King leren kennen. Vol bewondering keek ik naar de moed waarmee hij duizenden zwarte Amerikanen een hart onder de riem stak en het racisme een definitieve halt toeriep. Zijn vastberadenheid om op een geweldloze manier Amerika te veranderen vond ik erg sterk. Op school bekeken en beluisterden wij meermaals zijn legendarische speech 'I have a dream' en als ik de hedendaagse houseversie van die speech beluister, dan voel ik meteen waar het allemaal om draait. Bovendien sprak Martin Luther King niet alleen zwarten aan, maar ook veel blanken, en had hij contacten met kerkelijke en politieke leiders zoals John F. Kennedy of Lyndon B. Johnson. Ik denk dat King goed besefte dat hij vroeg of laat Kennedy's lot zou ondergaan. In 1968 kwam er dan ook een onverwacht einde aan zijn geweldloze leven. Uiteindelijk is Amerika vandaag nog altijd gewelddadig. Bush kiest onverschrokken voor oorlog en geeft te weinig kansen aan diplomatiek overleg. Zijn geloof staat haaks op het geloof van Martin Luther King. Het lijken wel haviken tegenover duiven. Mateloos ergeren mij de mensonterende beelden van Amerikaanse soldaten die Irakese soldaten vermoorden en de reacties daarop van Bush of Rumsfeld. Humanitaire hulp, politiek overleg, onderhandelingen worden al te vaak opgeofferd voor geweld, oorlog, vergelding. Via diverse informatiekanalen krijgen we meer en meer de duistere kant van de wereld en de mensen voorgespiegeld. Dat vind ik erg jammer.

Geweldloosheid start bij jezelf of ontkiemt in je diepste zelf. Als je Jef Vermassen hoort spreken over partnergeweld en over gewelddadig woordgebruik, dan besef je dat wij dagelijks te maken hebben met geweld. Vandaar dat ik pleit voor een heroriëntering van het menselijke gedrag. Wij zorgen zelf voor stress, prestatiedruk, consumptie en zijn te weinig bezig met rustgevende dingen. Zonder dat we het beseffen, komen we in een vicieuze cirkel terecht en gaan we haastig op zoek naar een uitweg. Tegelijk is kiezen voor geweldloosheid een moeilijke keuze. Vaak voel je je de mindere, de zachtmoedige in een kring van mensen. Toch kies ik voor een geweldloze levenshouding. Martin Luther King werd door zijn ouders geweldloos opgevoed en daardoor was hij in staat om een geweldloze revolutie te ontketenen. Geweldloosheid was voor hem duidelijk geen droom of utopie, want hij heeft heel zijn leven in het teken gesteld van een geweldloze en verzoenende omgang met medemensen. Hij was bereid ver te gaan en dat bewonder ik. Martin Luther King redeneerde met zijn verstand, maar hij sprak vanuit zijn geweldloze hart.

4. GEWELDLOOSHEID OF NIET-LEVEN

Martin Luther King beschouwde de actieve geweldloosheid niet alleen als een handig strijdmiddel voor een onderdrukt volk, maar ook als een manier van leven tout court. Alle mensen hebben de roeping om een leven zonder geweld te leiden en alle mensen hebben de mogelijkheid om dat nobele doel te verwezenlijken. Bovendien is actief, direct, geduldig en constructief geweldloos engagement een hart onder de riem voor onderdrukte gemeenschappen of mensen in nood. Rosa Parks, Fanny Lou Hamer baanden de weg voor Martin Luther King. En Tracy Chapman en Amy Biehl traden in zijn voetsporen. Ook de hedendaagse mens wordt aangespoord om in Kings voetsporen te treden. In 1958 schreef King: 'In een tijd waarin de Spoetniks en de Explorers door het luchtruim suizen en geleide ballistische projectielen een pad van dood en verderf kerven door de atmosfeer kan niemand een oorlog winnen. In deze tijd ligt de keuze niet langer tussen geweld en geweldloosheid. Het gaat om geweldloosheid of non-existentie.' (Stride Toward Freedom, 1958)

Actief en direct engagement

In zijn nagelaten geschreven en gesproken teksten deinsde Martin Luther King er niet voor terug om voortdurend te focussen op de theorie van het geweldloos verzet. De actieve geweldloosheid vormde een rode draad in Kings leven, een *topic* waarbinnen zijn visie van de gemeenschap-in-liefde en zijn spiritualiteit van verzoening een duidelijke veruitwendiging kregen. King profileerde zich niet alleen als een pacifist, hij was het ook. Hij bracht niet alleen mooie woorden uit, maar bracht ze ook in de praktijk. Daarom is het goed om even halt te houden bij Kings geweldloos engagement en daarna zijn erfenis te verplaatsen naar onze hedendaagse maatschappij.

Er bestaan grosso modo drie basishoudingen tegenover geweld of onderdrukking. Een daarvan is *de passiviteit*. Bij die basishouding laat men geweld toe en legt men zich neer bij de situatie. Onderdrukte volkeren onderwerpen zich op die manier aan hun ongelukkig bestaan doordat zij geen andere ontsnappingsmogelijkheid zien dan berusting. Zo kwam Mozes 2800 jaren geleden tot de ontdekking dat de joodse slaven hun bevrijders niet altijd welkom heetten, omdat zij eraan gewend waren slaven te zijn. Vele joden verkozen de vleespotten van Egypte boven de vuurproef van de uittocht. Zo verachtten veel zwarte huisslaven de Montgomerybusboycot omdat zij hun 'goed' bestaan als kok, tuinman, poetsvrouw of kinderoppas niet wilden verliezen ten koste van een veeleisende busboycot. Zo hielpen veel gewone burgers, meer nog uit zelfbehoud dan uit idealisme, het naziregime vooruit in zijn gewelddadige opmars in Europa. Andere mensen kiezen voor passiviteit doordat zij uitgeput zijn door het juk van de onderdrukking. In de naoorlogse jaren kon men in de Deep South geregeld een straatzanger horen zingen: 'Ik ben zo lang gebukt gegaan dat gebukt zijn mij niet meer deert.' In zijn laatste boek beschreef King de passiviteit bij vele van zijn rasgenoten. Hij schreef: 'Er bestaat altijd een begrijpelijke neiging om negatieve en zelfvernietigende oplossingen te zoeken. Sommigen zoeken een passieve uitweg door zich over te geven aan het gevoel van minderwaardigheid, of door er de brui aan te geven, of door hun toevlucht te nemen tot de uitlaatkleppen van verdovende middelen of alcohol. Anderen trachten het dilemma op te lossen door het pad van de afzondering te kiezen. Nog anderen worden onverschillig of fatalistisch.' (Where Do We Go From Here: Chaos or Community?, 1967) Uit angst, onmacht, zelfbehoud, onverschilligheid of minderwaardigheid kozen en kiezen onderdrukte mensen voor een passief levensbestaan waarbij onderdrukking of geweld gewoon getolereerd worden. De bruikbaarheid van die basishouding is miniem, omdat de onderdrukte mens zijn verantwoordelijkheid niet opneemt en op die manier een slavenmentaliteit toelaat. Vrijheid wordt zo tot vrij-zijn-van en dat begrip mist iedere draagkracht om een waardige samenleving te verwezenlijken. Een negatief vrijheidsconcept mist iedere verantwoordelijkheid en knevelt de menselijke creativiteit.

Een andere houding tegenover onderdrukking is *geweld*. Geweldpleging levert dikwijls een onmiddellijk resultaat op en naties hebben meer dan eens hun onafhankelijkheid gewonnen tijdens een veldslag. Vanuit een natuurlijke reflex of vanuit de opvoeding verzet men zich tegen geweld met geweld. Op die manier behaalt men een tijdelijke overwinning. Tijdelijk, want het echte probleem is nooit opgelost omdat er altijd een nieuw probleem ontstaat. De bruikbaarheid van deze tweede methode is klein, omdat het geweld toeneemt en een doel op zich wordt. Veelal krijgt men bij geweldpleging een sneeuwbaleffect: het geweld escaleert en wordt vergolden. King schreef: 'Geweld als middel om tot integratie van verschillende rassen te komen is zowel onpraktisch als immoreel. Het heeft geen praktisch nut omdat het een omlaag kronkelende spiraal is die uitloopt in algehele vernietiging. De oude wet van oog om oog leidt ertoe dat ten slotte bijna iedereen blind wordt. Het is immoreel omdat geweld de tegenstander wil vernederen in plaats van zijn begrip te verwerven; geweld wil liever vernietigen dan bekeren. Geweldpleging is immoreel omdat zij beter gedijt in haat dan in liefde. Geweld vernietigt de gemeenschap en maakt alle broederschap onmogelijk. Het leidt tot monoloog in de samenleving in plaats van tot dialoog. Alle geweld eindigt met zichzelf te vernietigen. Het verwekt verbittering in de overlevenden en wreedheid in de daders.' (Where Do We Go From Here: Chaos or Community?, 1967)

Een derde oplossing voor geweld is *het geweldloos verzet*. Het probeert de waarheden en uitersten van de twee voorgaande oplossingen te verzoenen, met vermijding van de immoraliteit die beide aankleven. King schreef: 'De mens die geweldloos verzet pleegt, is het in zoverre eens met degene die berust, dat men zich niet met fysiek geweld tegen zijn tegenstander keert. Maar hij bewaart ook het evenwicht doordat hij het met de geweldpleger erover eens is dat er weerstand moet geboden worden. Hij vermijdt het geen-weerstand-bieden van de eerste en het gewelddadig verzet van de tweede.' (Where Do We Go From Here: Chaos or Community?, 1967)

Via die laatste gedachte alludeerde King op de moed van de geweldloze activist. Geweldloosheid is geen methode voor lafaards of bange mensen omdat geweldloosheid altijd gerichte actie inhoudt. Het is geen passief-niet-weerstand-bieden aan het kwade, maar wel actief-geweldloos-weerstand-bieden aan de onderdrukking. Want de geweldloze activist is passief in die zin dat hij zich niet lichamelijk agressief gedraagt, maar zijn gedachten en gevoelens zijn steeds actief, omdat hij voortdurend poogt zijn tegenstander van zijn ongelijk te overtuigen. Geweldloos verzet is duidelijk een actieve methode voor moedige mensen die geloven in de kracht van het goede en die anderen willen veranderen. Het is een christelijke houding omdat de eerbied en waardigheid van de mens primordiaal zijn voor een christen.

In een bredere context vinden we die gedachte terug bij de Leuvense moraaltheoloog Roger Burggraeve. In zijn talrijke studies stipt Burggraeve duidelijk aan dat christenen, als wegbereiders, murenslopers, bruggenbouwers, vredestichters, een radicaal pacificerende opdracht hebben vanuit de radicaliteit van Jezus' optreden.

Behalve actieve geweldloosheid koos Martin Luther King ook voor *directe geweldloosheid*. In zijn boeken trachtte King het directe karakter van de geweldloze strijd metaforisch uit te leggen. Een verkeersregel die bepaalt dat je voor een rood licht moet stoppen, is niet verkeerd. Indien er echter een brand woedt, dan rijdt de brandweerwagen door dat stoplicht heen en het gewone verkeer kan dan maar beter plaatsmaken. Of indien een man aan het doodbloeden is, rijdt de ziekenwagen op topsnelheid door deze stoplichten. De naoorlogse jaren in de Verenigde Staten werden gekenmerkt door racisme, armoede, materialisme en vroeg of laat zou het tot een uitbarsting komen. In de jaren vijftig was het dan zover: Amerika stond in brand! De armen leefden in tragische omstandigheden vanwege het economische onrecht dat hen opgesloten hield en diezelfde armen namen niet deel aan de Amerikaanse democratische rechten vanwege het politieke systeem dat hen onmondig hield. King besloot: 'Onterfde mensen over de hele wereld bloeden dood aan diepe maatschappelijke en economische wonden. Zij hebben brigades ambulancechauffeurs nodig, die de rode lichten van het huidige systeem zullen moeten negeren tot de noodtoestand is opgeheven.' (Trumpet of Conscience, 1967)

Geduldig en constructief engagement

Martin Luther King zag absoluut geen tegenstelling tussen direct en *geduldig engagement* omdat het eerste zich situeert in de aanzet van de acties en het tweede in de resultaten van de geweldloze strijd. Meermaals heeft King het geduldig karakter van de geweldloosheid onderstreept omdat mensen, eerder daders dan slachtoffers, niet gemakkelijk loskomen van hun vastgeroeste begrippen en onredelijke opvattingen. Als de niet-bevoorrechten om vrijheid vragen, reageren de bevoorrechten eerst met verbittering. En als de bevoorrechten toegevingen doen, reageren sommige niet-bevoorrechten ontstemd. De geweldloze strijd brengt immers geen onmiddellijke verandering teweeg in het hart van de onderdrukker, omdat zij zich veeleer evolutionair dan revolutionair ontwikkelt. In enig opzicht zijn de ideeën van King en de theoloog Jürgen Moltman gelijklopend. Veel vroegere revoluties worden gekenmerkt door een terugkeer naar vroegere waarden of naar de oorspronkelijke toestand van de mens. Zulke revoluties zochten hun toekomst in het verleden en verbonden de vernieuwing van het heden met een retrospectieve droom. Onder invloed van het mythische denken van de eeuwige terugkeer 'zochten mensen niet het nieuwe van de toekomst, maar wel het verloren paradijs of de gouden tijd'. Moltman benadrukte dat revolutie in die zin een vals bewustzijn inhield omdat dit zogenaamde paradijs van de mens nooit bestaan heeft en omdat men naar de toekomst keek vanuit de achteruitkijkspiegel. Via Kant en Hegel zou Moltman, en natuurlijk ook King, die deze Europese filosofen grondig bestudeerde, een nieuw begrip van revolutionair denken ontdekken. Wie de toekomst en het verleden, met hun positieve en negatieve kenmerken, ernstig neemt, komt vervolgens tot een nieuw concept van revolutionair denken, doordat 'de altijd begrensde werkelijkheid van het verleden iets positiefs zegt over de nog niet verwerkelijkte toekomst'. (Geloof in de toekomst, 1969) Op die manier bewandelt de revolutie de weg van de analogie, de voorafbeelding, maar ook de weg van de geduldige evolutie.

King hield daarmee rekening en benadrukte meermaals het geduldige karakter van de geweldloze beweging. Tijdens de Montgomery-busboycot in 1954-1955 hield hij, samen met vijftigduizend activisten, geduldig vol tot het Hooggerechtshof een jaar later de ongrondwettigheid van de gesegregeerde stadsbussen verklaarde. Na de mislukking in Albany, in 1962, ging King rond de tafel zitten met zijn aanhangers om geduldig lessen te leren en nieuwe acties voor te bereiden. Die acties kwamen er in Birmingham, Washington DC, St. Augustine, Mississippi, Selma, Chicago, New York en Memphis. King besefte erg goed dat de geleidelijkheid opwoog tegen de haast en dat de geweldloze beweging nooit haar evolutionair karakter mocht verloochenen.

Via het geduldige engagement kwam King tot een *constructief geweldloos engagement*. Hij schreef: 'Geweldloosheid is in wezen een positief begrip. Enerzijds eist de geweldloosheid non-coöperatie met het kwade; anderzijds eist zij de coöperatie met de opbouwende krachten van het goede. Zonder dit constructieve aspect eindigt de non-coöperatie waar zij begint. Daarom moet de zwarte burger een programma voor de toekomst opstellen met positieve doeleinden van de meest veelzijdige aard.' (Stride Toward Freedom, 1958)

Vervolgens beklemtoonde King twee hefbomen om aan dit constructieve engagement te werken: het besef van eigenwaarde en het belang van de groepsidentiteit. De tragedie van de slavernij en de segregatie is immers dat zij de Afro-Amerikaanse gemeenschap een gevoel van inferioriteit hebben ingeprent. De *black man* was in het naoorlogse Amerika *the invisible man*. *Black* stond gelijk met arm, lui, inferieur, onderdanig. Om dat gevoel van minder dan een mens te zijn te overwinnen, moest de zwarte burger tegenover iedereen, in woord en daad, een besef van zijn eigenwaarde tentoonspreiden. King sprak: 'Er bestaat zoiets als een gedesegregeerde geest. Wij moeten niet langer toestaan dat de uitwendige ketenen van een ons onderdrukkende maatschappij ook onze geest boeien. Dapper en onbevreesd moeten wij de stoutmoedige poging ondernemen om onze innerlijke persoonlijkheid te stabiliseren. Alleen zo zullen wij de wortels van ons bestaan bevestigen en onze waarde bekrachtigen. Onze kinderen moeten leren de schouders recht te trekken en het hoofd trots op te heffen. We hoeven ons niet te laten bedotten en opblekende zalfjes te kopen, die onze huidskleur beloven lichter te kleuren. We hoeven niet aan ons haar te knoeien om het sluik te laten lijken. Of de mensen het nu beseffen of niet: zwarte mensen zijn heel mooi. De menselijke piano kan slechts de melodieën van broederschap voortbrengen, wanneer erkend wordt dat de zwarte toetsen even fundamenteel of noodzakelijk zijn als de witte. Door zichzelf te aanvaarden en naar waarde te schatten, zal de zwarte burger Amerika op een goede dag doen inzien dat integratie geen hinderpaal is, maar een kans om deel te nemen aan de schoonheid van de verscheidenheid.' (Where Do We Go From Here: Chaos or Community?, 1967)

Een tweede hefboom betrof de groepsidentiteit. King bedoelde hiermee geen isolering van de groep of het geloof in 'de alleenzaligmakende kracht' van de groep, maar hij zinspeelde wel op een soort groepsbewustzijn dat de zwarte gemeenschap nodig had om zinvoller aan het Amerikaanse leven te kunnen deelnemen. In de tijd van de slavernij en de daaropvolgende segregatie pasten de blanke bewindslieden de oude techniek van verdeel-en-heers toe, waardoor de groepsidentiteit bij de zwarte gemeenschap danig daalde. Samen met andere leiders binnen de Civil Rights Movement stelde King hieraan paal en perk. Het al aanwezige potentieel binnen de zwarte gemeenschap – zoals de zwarte Kerk, zwarte pers, zwarte clubs, zwarte beroepsorganisaties, zwarte emancipatiebewegingen, zwarte burgerrechtenorganisaties, zwarte sociale en politieke bewegingen – dienden gemobiliseerd en gekanaliseerd te worden.

King was daarin formeel: 'Door middel van groepseenheid moeten we op elkaar de overtuiging overbrengen dat onze vrouwen gerespecteerd dienen te worden en dat het leven te kostbaar is om door een dronkemansruzie op zaterdagavond of een schot van een bendelid te worden vernietigd. Via sociale diensten en religieuze instellingen moeten we een positief programma ontwikkelen, waardoor de zwarte jeugd zich kan aanpassen aan het leven in de grootstad en haar algemeen gedragsniveau kan verbeteren.' (Where Do We Go From Here: Chaos or Community?, 1967)

Bovendien zag King samenwerking met de blanken wel zitten omdat de zwarte mens kind is van twee culturen: de Afrikaanse en de Amerikaanse. Zodoende is de Afro-Amerikaan een echte hybride. King stelde dat de oplossing van de segregatie niet voortkwam uit een poging om een aparte, zwarte natie binnen de natie te stichten. Neen, hij hechtte alle geloof aan het vinden van 'een creatieve minderheid van geïnteresseerden in de apathische meerderheid van onverschilligen en om samen met hen te streven naar een macht die geen onderscheid maakt in huidskleur. Amerika moet een land worden waar de verschillende rassen de macht met elkaar delen. Dat is de wezenlijke democratie waarop alle strijd van de zwarte bevolking gericht is.' (Where Do We Go From Here: Chaos or Community?, 1967)

Geestelijke weerbaarheid

Martin Luther King heeft meermaals het belang van een constructieve, geweldloze revolutie aangetoond. Bij dat belang hoort onomkeerbaar *de spirituele kracht* waarvan de geweldloze activist gebruik maakt en waardoor hij precies komt tot een transformatie van bestaande toestanden. Via dezelfde geestelijke kracht deden de eerste christenen het Romeinse Rijk op zijn grondvesten daveren en legden de volgelingen van Gandhi de kanonnen van het British Empire het zwijgen op. Ook de zwarte gemeenschap was op die manier bereid het martelaarschap te trotseren om het geweten van de Amerikaanse natie wakker te schudden. Maar in plaats van haar toevlucht te zoeken tot gewelddadige acties in ongetelde straathoeken, zou de zwarte gemeenschap haar onderdrukker er nu toe dwingen op straat te komen en – bij vol daglicht – zijn gewetenloze bruutheid openlijk te tonen. De wereld was op die manier getuige.

Behalve spirituele kracht zou ook *transformatie* een aanzienlijke rol spelen in de geweldloze beweging van King. Via de constructieve actie had de zwarte gemeenschap nu de moed om te breken met oude, diepgewortelde concepties van Amerika. De impuls van zelfverdediging, het oude oog-om-oog principe, de wildwestmentaliteit golden als de hoogste maatstaf voor vele Amerikanen. Het was niet gemakkelijk om het credo te accepteren dat geestelijke weerbaarheid een even grote kracht sorteerde als fysiek geweld of dat niet terugslaan een sterkere wil vereiste dan de automatische reflex van zelfverdediging. King verduidelijkte: 'Dit besef, gevoegd bij zijn religieuze remmingen om tot geweld over te gaan, wees de weg aan de menselijke drang om zelf op te treden voor zijn waarlijke vrijwording. Het stelde de mens in staat haat om te zetten in positieve energie. Die instelling veroorzaakte bovendien het wonderlijke effect dat het gelaat van de vijand transformeerde: de vijand, die de zwarte evenmens tegemoet kwam, was niet langer de man die hem onderdrukte, maar het systeem van het kwaad, dat de man in staat stelde aldus te handelen.' (Where Do We Go From Here: Chaos or Community?, 1967)

Een ander aspect binnen de constructieve, geweldloze strijd betrof *de paralyse van de tegenstander*. De genadeloze bruutheid waarmee de blanke politie een einde maakte aan vele demonstraties van zwarte activisten, veranderde in machteloosheid toen de nationale en internationale pers de maatschappelijke arena betrad. Het geweld was nu niet langer verborgen. Niets bleef verborgen voor het gezicht van de wereld en de sadistische geweldplegingen werden op die manier verlamd. De geweldplegers werden nu niet alleen weerhouden door het feit dat de hele wereld toekeek, maar ook doordat zij recht in de ogen keken van honderden zwarten die voor het eerst in de geschiedenis geen angst hadden.

Verlamd door een schuldig geweten zouden vele blanken het geweld voorgoed vaarwel zeggen en zich toeleggen op onderhandelingen met de zwarte gemeenschap. Dankzij de paralyse werd de zwarte gemeenschap een machtig leger dat opmarcheerde onder de vlag van de geweldloosheid. Het universele karakter van dat geweldloze leger kwam tot uiting in de deelnemende 'soldaten'. In Birmingham, een van Kings grootste overwinningen, marcheerden artsen naast ruitenwassers, advocaten naast huisvrouwen, vuilnismannen naast filosofen. Er was plaats voor iedereen omdat er geen rassenverschil bestond. Er werd niet gekeken naar diploma' s of werk, maar de morele moed en het rechtvaardigheidsgevoel van de geweldloze activisten werd hoog in het vaandel gedragen.

Ten slotte benadrukte King ook *het synthetische karakter* van de geweldloze strijd. De *direct actions* van de zwarte gemeenschap waren immers geen vervanging van de gerechtskundige acties uit het nabije verleden. Het benadrukken van passages uit de Amerikaanse grondwet bij een stadsbestuur en het juridische steekspel in de gerechtshoven sloten de noodzaak niet uit om op het voorplein van het gerechtsgebouw een aantal acties te ondernemen. Integendeel, daadwerkelijke en legale acties kunnen en moeten elkaar aanvullen als zij op de juiste wijze aangepakt en gecoördineerd worden. Uiteindelijk zullen zij uitmonden in effectieve resultaten.

Van onafhankelijkheid naar samenafhankelijkheid

Binnen zijn geweldloze visie heeft Martin Luther King meermaals afstand genomen van het *independent* karakter van hervormingsbewegingen. Onafhankelijkheid leidt tot accentuering van het eigen gelijk en dwarsboomt het universele karakter. Independentie benadrukt de zelfrealisatie, maar ontkracht de overkoepelende groepseenheid. Onafhankelijkheid minimaliseert eigenlijk het transformatieve karakter van de geweldloze strijd omdat het zich terugplooit op de eigen, bestaande structuren en de verandering bij de tegenstander nauwelijks opmerkt of waardeert. King onderschreef het samenafhankelijke karakter van de werkelijkheid en van geweldloze hervormingsbewegingen.

Het leven is immers *interdependent of onderling afhankelijk*. Al het levende is onderling verbonden in een net van wederkerigheid. Wat de een direct raakt, raakt allen indirect. 'Wij zijn geschapen om samen te leven omdat de structuur van de werkelijkheid op onderlinge verbondenheid berust.' (Trumpet of Conscience, 1967) Wanneer wij 's morgens naar ons werk gaan, zijn wij immers voor een groot deel afhankelijk geweest van de wereld. Na het opstaan, gaan we naar de badkamer en nemen een spons uit Frankrijk of de Polynesische eilanden. Een handdoek uit Taiwan en Spaanse toiletzeep zijn altijd welkom. Daarna gaan we naar de keuken voor een eerste kopje koffie – veelal ingeschonken door een Zuid-Amerikaan of Afrikaan. Engelse of Chinese thee kan ook. Of misschien wel melk met cacao, ingeschonken door een West-Afrikaan of Indiër. Daarna nog wat tarwebrood uit België, confituur uit Nederland en af en toe een stukje Franse kaas. Voor we ons ontbijt 's morgens op hebben, zijn we al van heel wat landen afhankelijk geweest. Dat is de structuur die onze wereld bezit en op die manier is alle leven onherroepelijk verbonden. Natuurlijk geldt die wet ook voor geweldloze hervormingsbewegingen. Via de samenafhankelijke werkelijkheid dient de mens zich eerder oecumenisch dan particularistisch op te stellen. De mens dient zich zo op te stellen dat hij boven zijn ras, stam, klasse of land uitstijgt en op die manier een perspectief voor de hele wereld ontwikkelt. Geen individu kan alleen leven en geen land kan alleen bestaan. De samenafhankelijke werkelijkheid noopt de mens tot internationale samenwerking en humanitaire bijstand aan mensen in moeilijkheden. De samenafhankelijke werkelijkheid zet de mens aan tot de agape, de overvloeiende naastenliefde. Deze agape kan de mens niet ontvluchten.

Geweldloze wegbereiders en opvolgers

Rosa Louise McCauley werd geboren op 4 februari 1913 in Tuskegee, Alabama. Haar vader was timmerman en haar moeder onderwijzeres in een plaatselijke school. Na haar studies aan het Alabama State College trouwde zij in 1932 met Raymond Parks, een kapper. Enkele jaren later trad ze toe tot de Montgomery-afdeling binnen de National Association for the Advancement of Colored People (NAACP). Aanvankelijk had zij een adviserende taak, maar in 1943 werd zij tot plaatselijke secretaris van de NAACP verkozen. Rosa Parks was nu voorbestemd om haar hele leven te wijden aan de emancipatie van de Afro-Amerikaanse bevolking via de legale methoden van het geweldloos verzet. Zij twijfelde geen moment om die taak ter harte te nemen.

Op een regenachtige dag in 1943 stond Rosa Parks te wachten op de bus. Uiteindelijk arriveerde de bus en Rosa kon de bushalte verlaten. Zij stapte de bus op en betaalde haar kaartje. Maar in plaats van weer af te stappen en via de middendeur achteraan een plaats te zoeken, zoals de segregatiewetten voorschreven, ging zij door de middengang en zocht een zitplaats in het voor blanken gereserveerde gedeelte. Daar nam zij plaats. De buschauffeur zocht Rosa op, beval haar om op te staan, de bus te verlaten en via de middengang weer op te stappen, maar Rosa weigerde. Na een fiks dispuut verliet Rosa Parks de bus en ging in de stromende regen te voet naar huis. Die geweldloze tactiek had Rosa geleerd in de Highlander Folk School te Monteagle, Tennessee. Highlander gaf haar studenten historisch-moreel bewustzijn mee en werkte als vormingsinstituut nauw samen met de zuidelijke vakverenigingen, de nationale landbouworganisaties en de plaatselijke groepen van de Civil Rights Movement. Burgerrechtenactivisten als Fanny Lou Hamer, Andrew Young, Septima Clark, Martin Luther King studeerden te Highlander en leerden het centrum kennen als een plaats van reflectie en geweldloos engagement. De Montgomerybusboycot van 1955 had nog andere precedenten. Hugh Morris Gloster protesteerde in 1934 luidkeels tegen het feit dat zwarte vrouwen moesten staan, terwijl het blanke treincompartiment half leeg bleek. Hij werd uit de trein geworpen en in elkaar geslagen. Vernon Johns, de voorganger van Martin Luther King in Montgomery, stapte op een dag in een bus en ging vooraan zitten. De blanke chauffeur verzocht Johns om achterin te gaan zitten, maar Johns weigerde. Vervolgens weigerde de chauffeur verder te rijden totdat Johns zijn plaats had verlaten. Maar Johns weigerde een tweede keer totdat de chauffeur erin toestemde Johns te vergoeden. Net voordat hij uit de bus stapte, vroeg Johns aan zijn medepassagiers om hem te volgen, maar niemand durfde. Op 2 maart 1955 werd een vijftienjarig zwart meisje, Claudette Colvin, geboeid door de politie van Montgomery omdat zij weigerde haar zitplaats af te staan aan een blanke passagier. Het was geen toeval dat Rosa Parks, samen met andere burgerrechtenactivisten, de verdediging opnam van Claudette Colvin.

Waardoor werd Rosa Parks' arrestatie in Montgomery een historische en onomkeerbare aanhouding? King noemde Parks' arrestatie 'een individuele uiting van een tijdloos verlangen naar waardigheid en vrijheid'. (Stride Toward Freedom, 1958) Parks was geen lokmiddel van de NAACP, maar was in de greep van de tijdgeest. Rosa Parks sprak vele jaren later: 'Ik weet niet precies waarom ik niet opstond. Ik had het echt niet gepland. Ik was gewoon moe van het lange staan. Mijn voeten deden pijn.' Wat er ook van zij, de fysieke en psychologische reactie van Rosa Parks bleef een moedige daad en een klassiek voorbeeld van geweldloos verzet. Rosa Parks werd meteen een belangrijke schakel in de zwarte emancipatiebeweging en die laatste had nu nog een leider nodig die het volle gewicht van de strijd wilde dragen. Nadat de politieke vrouwenraad van Montgomery de boycot inleidde, werd die man ook gevonden. Een jonge dominee uit Atlanta stond recht.

Tracy Chapman werd geboren in Cleveland, Ohio, en groeide op in een zwarte arbeiderswijk. Vanaf haar zesde jaar startte zij met klarinet-, gitaar- en zanglessen in een plaatselijke muziekschool. Omdat de menselijke relaties en sociale contacten tussen individuen en groepen haar interesse wekten, besloot zij antropologie te studeren aan de Tufts University in Massachusetts. Haar zangcarrière begon met een titelloze debuutelpee en nadien verschenen zeven cd's bij Elektra Records. Haar muzikale talent kreeg een vervolg in sociaal engagement: in 1988 was zij present op het Free Nelson Mandela rockfestival in London en later gaf zij verscheidene benefietconcerten ten voordele van Amnesty International. Chapman neemt een duidelijk geweldloos standpunt in. Zij gaat 'Across The Lines' en schenkt bijna al haar aandacht aan de miljoenen kantlijnmensen en rechtelozen die buiten de *American Dream* vallen. Wegens haar geweldloos engagement en haar medewerking aan sociale projecten treedt zij duidelijk in het voetspoor van een van haar illustere voorgangers, namelijk Martin Luther King. Chapman heeft bewondering voor de man die het breekijzer hanteerde en noemt hem dan ook 'de architect van een nieuwe samenleving'.

Net als Tracy Chapman werd Amy Biehl verteerd door een geweldloze levensvisie. Amy Biehl was een blanke studente internationale betrekkingen aan Stanford University in San Francisco en haar interesse ging naar de cultuur en politiek van Afrika. Nadat zij gewerkt had bij het Nationaal Democratisch Bureau voor Internationale Betrekkingen in Washington DC, verkoos zij deel te nemen aan educatieve en antiracistische projecten in Afrika. De actieve geweldloosheid vond Biehl terug bij haar boegbeeld Nelson Mandela. In 1993 verkreeg zij een Fullbright-beurs als buitenlandse studente aan de Universiteit van Westkaap. Maar dan sloeg het noodlot toe. Amy gaf op 25 augustus 1993 bevriende zwarte studenten een lift naar de *township* Gugulethu. In volle verkiezingsstrijd wierpen andere zwarte jongeren stenen naar haar auto en werd zij gedwongen om uit te stappen. De stenenregen hield aan totdat Amy plots met een mes werd benaderd. Zij werd laf vermoord. Zij die opkwam voor actieve geweldloosheid werd vermoord door mensen die zij had gesteund. Haar ouders waren geschokt en hadden tijd nodig om de dood van hun geliefde dochter te verwerken.

Maar dan gebeurde er iets zonderlings. Sinds 1996 had Zuid-Afrika een Commissie voor Waarheid en Verzoening waarbij daders van geweld onder het apartheidsregime, amnestie konden krijgen als zij alles opbiechtten en 'met een open hart' om vergiffenis vroegen. Ook de zaak-Biehl kwam voor. Wat niemand had durven verwachten, gebeurde toch: de ouders van Amy Biehl aanvaardden de amnestieaanvraag van de vroegere daders en meer nog, zij richtten de Amy Biehl Foundation (www.amybiehl.org) op om jongeren te redden uit de vangnetten van armoede en racisme. Het echtpaar Biehl wil dat jongeren geholpen worden en dat jonge mensen op weg gaan naar een verantwoorde volwassenheid. Via hun stichting verwijzen zij naar de geweldloze levensovertuiging van hun dochter en bieden zij vredevolle initiatieven aan.

Geweldloosheid of niet-leven: de bijdrage van Martin Luther King

Eigenlijk tekende Martin Luther King zijn doodvonnis een jaar voor zijn dood. In de Riverside Church in New York hekelde hij op 4 april 1967 de Amerikaanse interventie in Vietnam en de nadelen die die oorlog met zich meebracht. King nam geen blad voor de mond en werd zelf een vijand van de machtige Amerikaanse wapenindustrie. Met zijn armenmars in Washington DC in het vooruitzicht wilde King nogmaals de natie wakker schudden en het geweten van de beleidsvoerders in vraag stellen. King trachtte het federale Congres te overtuigen om de miljarden dollars niet meer te besteden aan oorlogen, maar wel aan de binnenlandse problemen van armoede en huisvesting. Hij was zelfs bereid om een wig te drijven tussen de federale coalities en een internationale crisis uit te lokken.

Maar het kwaad had sterke vangarmen en King zou nooit levend uit Memphis weggeraken. Het moordplan was klaar en moest alleen nog uitgevoerd worden. Geweld behaalde een tijdelijke overwinning op geweldloosheid.

Als vredesbeweging kiest Pax Christi om de actieve geweldloosheid met woorden en daden ter harte te nemen. In het beleidsplan *Maak het mee!* (2005-2009) staat immers in niet mis te verstane woorden: 'Wij willen in de diepte werken, aan onze wortels, in het spoor van grote vredeswerkers: Gandhi, Martin Luther King, Franciscus van Assisi, geënt op Jezus van Nazareth.' Als eerste doelstelling is de organisatie bereid om 'de visie, methode, strategie van de actieve geweldloosheid te ontwikkelen en te promoten om zo verder uit te groeien tot een eigentijdse en dynamische vredesbeweging'. Via haar vredesopvoeding, vredesinitiatieven, politiek lobbywerk, vormingsprogramma's en christelijke inspiratie kan de vredesbeweging de actieve geweldloosheid van Martin Luther King vertalen naar vandaag. Daartoe dient de organisatie aandacht te hebben voor actief en direct geweldloos engagement, omdat een veranderende samenleving niet gediend is met berusting of fatalisme. Daartoe moet zij ook meewerken aan een interdependente wereld die steunt op zelfrespect en groepsidentiteit. Bovendien moet zij de evolutionaire vooruitgang koppelen aan de revolutionaire ontwikkeling. Immers, 'niet door het verleden te vergeten verovert men een nieuwe toekomst, maar door de goede tendensen ervan vrij in zich op te nemen'. (Strength to Love, 1963)

Axelle Red
licentiate in de rechten
singer-songwriter
Unicef-ambassadrice

Kings droom van wereldwijde solidariteit intrigeert mij enorm

Persoonlijk heb ik Martin Luther King nooit ontmoet. Ik was amper twee maanden oud toen hij werd vermoord. Maar toch heb ik veel bewondering voor zijn visioen van vrijheid en gerechtigheid, zijn droom van naastenliefde en wereldwijde solidariteit. Pacifisten als Gandhi en King wisten heel goed waar het op aankomt in deze wereld en gebruikten al hun mogelijkheden in dienst van de mensheid. Gandhi was een spirituele profeet en King een geweldloze hervormer. Beiden stelden hun leven in het teken van de bevrijding van mensen die weerloos of ontheemd aan hun lot waren overgelaten. Eigenlijk kan je Gandhi noch King utopisten noemen, maar wel realistische idealisten.

Als ik mijn eigen leven onder de loep neem, voel ik me ook een realistische idealist: onrecht en cynisme klaag ik aan, gerechtigheid en vrede stel ik in de plaats. Het westerse consumptiegedrag en de ieder-voor-zich-mentaliteit storen me mateloos omdat mensen op die manier vervreemden van hun diepste zelf. Onze samenleving raast vooruit als een TGV en wie niet kan volgen, vliegt eruit. Als Martin Luther King stroomopwaarts ging en zich niet goed voelde bij het maatschappelijke ongeduld, dan kan ik mij daarin terugvinden. Trouwens, een van mijn songs is opgedragen aan King.

I had this dream
(A. Red / A. Red, L. Snell, M. Tooles, J. Anderson, J. Joyette)

last night I had this dream
I saw people from all different places
and they gathered together
and since they've been loving each other

now I hope now I pray
that a change is to come today
oh this war I can't stand no more
eradicate all this hate
share our gods our land we could be friends
no I ain't gonna stand it no more
no no

I had this dream
this life is not what it seems

I imagined no one poor
no more hunger on this earth
everyone a decent piece
of this big desert
and if a child has to come
let it not so soon be gone
can we not all have fun and age
this should not be some kind of a privilege

oh why we always escalate

now I hope now I pray
that a change is to come today
oh this war I can't stand it no more
eradicate all this hate
share our gods our land we could be friends
no I ain't gonna stand it no more
no no

I had this dream
this life is not what it seems

have access
to our land
non-violent
those who are
capable of love
and tolerant
we refuse
all abuse
especially those against
our most innocents
those who rape
will not escape

I had this dream
this life is not what it seems
I had this dream
this life is not what it seems

oh this war all this hate
we suffocate
this cannot be our fate
no more
brutality
cruelty
liberty

honesty
equality
amnesty
change mentality
responsibility
sensitivity
I had this dream

I had this dream
and you cannot take this away from me
for I had this dream
If only you'd have seen
the sun would shine so bright
it must have been right

J'ai fait un rêve
enfin le soleil se lève
one day the sun will shine

5. NAASTENLIEFDE MONDIALISEREN

In navolging van Jezus van Nazareth en Mahatma Karamchand Gandhi stelde Martin Luther King zijn leven borg voor de praxis van de universele naastenliefde. Kings levenscharter bevatte de agape, de onvoorwaardelijke goede wil van en voor alle mensen van goede wil. Vastberaden en moedig verkoos King om van altruïsme een prioriteit te maken omdat hij wist dat de mens mens wordt met andere mensen en omdat de menselijke roeping meer te maken heeft met dienen dan met gediend worden. De mens is immers het zout der aarde, de gist in het deeg, het licht in de wereld. Hij is geroepen om één van hart en geest te zijn met zijn medemensen. In navolging van belangrijke profeten als Jesaja, Amos, Jeremia, maar ook van denkers als Buber, Moltman, Tillich, plaatste King de agape in het centrum van zijn beloved community of gemeenschap-in-liefde. Kings onbaatzuchtige naastenliefde, als een aanval tegen de wereldwijde armoede, is nog steeds een inspiratie voor de hedendaagse vredesbeweging. King blijft inspireren, ook in onze materialistische samenleving.

De rijke dwaas

De invloedrijke Chinese denker Kung-Fu-Tzu, beter bekend als Confucius, werd in 551 vóór Christus in het vorstendom Lu geboren. Hij stamde uit het adellijke geslacht van de Kung en zijn naam verwees rechtstreeks naar die genealogische oorsprong. Op jonge leeftijd richtte Confucius zijn huis in als school en hij onderwees zijn studenten in geschiedenis, dichtkunst en maatschappelijk engagement. Spoedig bezochten meer dan drieduizend scholieren Confucius' school en zijn roem verbreidde zich snel. Hij had graag een leidende positie in de staat bekleed, maar wees alle aanlokkelijke aanbiedingen af die hij niet met zijn geweten in overeenstemming kon brengen. Om die reden duurde het meer dan vijftig jaar voordat Confucius een leidend ambt aanvaardde. Zijn sociale filosofie, waarbij respect voor ouders en traditie de hoofdelementen vormden, werd tijdens de Han-dynastie (206-221) zelfs geformaliseerd tot een politiek-religieus systeem. Toen men hem vroeg welke rol 'rijkdom' in zijn leven speelde, antwoordde hij krachtig: 'De echte adel zijn niet zij die bezit, geld hebben maar wel zij die de adel in zich dragen.'

Een bekende homilie van Martin Luther King handelde over 'een rijke graankoning' (Lc 12,13-21). De centrale figuur in het Lucaanse verhaal was een rijk man die geen raad meer wist met zijn overvloedige graanoogsten. Uiteindelijk besloot de man zijn graanschuren af te breken en nieuwe schuren te bouwen, zodat hij gedurende de komende jaren geen problemen meer zou ondervinden. Narcistisch sprak de man tot zichzelf: 'Man, je hebt een grote rijkdom liggen, voor lange jaren. Rust nu maar uit en drink en geniet ervan.' Helaas sprak God vervolgens tot de man: 'Dwaas, in de volgende nacht wordt je ziel opgeëist. En al die rijkdom, aan wie zal die nu toekomen?' En zo gebeurde het. Op het hoogtepunt van zijn rijkdom, verloor de graankoning zijn kostbaarste bezit, zijn leven. In navolging van Jezus noemde King de rijke graankoning 'een dwaas', niet omdat hij rijk of vermogend leefde, maar wel om diverse andere redenen. King noemde de rijke man een dwaas omdat hij het levensdoel verwarde met de levensmiddelen en omdat hij het innerlijke levensdoel liet opgaan in de uiterlijke levensmiddelen. Het innerlijke spirituele levensdoel van welzijn, geluk, moraal, religie, kunst waarvoor we leven, kan nooit vervangen worden door de uiterlijke middelen van rijkdom, goederen, uitvindingen, techniek waardoor we leven. Ook al bezit het uiterlijke leven van de mens een belangrijke waarde en ook al heeft de mens de plicht om te voldoen aan de stoffelijke vooruitgang van de menselijke geschiedenis, toch is een mens méér dan een hond. Voor de mens betekent het innerlijke leven evenveel als het uiterlijke. In dezelfde geest als het boek *Terugkeer naar innerlijkheid* van Louis Dupré schreef King: 'De tragedie van de rijke man was dat hij in de eerste plaats de middelen zocht en dat op de duur het doel door de middelen werd opgeslokt. Hoe rijker deze man is geworden aan goederen, des te armer werd hij aan inzicht en geestelijk leven. Misschien was hij getrouwd, maar hij zal geen liefde hebben gevoeld voor zijn vrouw. Misschien had hij kinderen, maar ik vermoed dat hij ze niet heeft weten te waarderen. Misschien had hij in zijn bibliotheek de grote werken van alle tijden in onberispelijke rijen staan, maar hij zal ze niet hebben gelezen. Misschien had hij de gelegenheid prachtige muziek te horen, maar hij zal niet hebben geluisterd. Zijn ogen zagen de grootse luister van de hemel niet, zijn oren waren niet gevoelig voor de melodieën van hemelse muziek. Zijn geest was afgesloten voor de denkbeelden van dichters, filosofen en profeten. Terecht verdiende hij de benaming dwaas.' (Strength to Love, 1963) Vervolgens verwees King naar de zelfgenoegzaamheid van de rijke graankoning. Laatstgenoemde had zo dikwijls 'ik' en 'mijn' gezegd, zoals de jaloerse zoon in de parabel van de Verloren Zoon, dat hij had verleerd te zeggen 'wij' en 'ons'. Als slachtoffer van zelfzucht en zelfbevestiging praatte de graankoning alsof hij in zijn eentje de velden kon ploegen en de schuren kon bouwen. Het drong niet tot hem door dat hij erfgenaam was van een schat aan gedachten en arbeid, waartoe mensen van heden en verleden hebben bijgedragen. De interdependente werkelijkheid waardoor de menselijke vooruitgang precies kan plaatsvinden, was onbestaande voor de rijke graankoning. King sprak: 'De rijke heeft gemeend te kunnen leven in het nietige wereldje waarvan hij zelf het middelpunt was. Hij was individualist tot in het waanzinnige. Inderdaad, hij was een eeuwige dwaas.' (Strength to Love, 1963)

Terecht noemde King – in navolging van het evangelie – de rijke man een dwaas omdat hij zich niet bewust was van zijn afhankelijkheid jegens God. De rijke graankoning praatte alsof hij de gang van de seizoenen zelf regelde, alsof hij het opgaan en ondergaan van de zon in zijn macht had en de natuurlijke kringloop op zijn eentje kon bepalen. Stellig had hij het gevoel de Schepper te zijn en niet langer een schepsel. Als materialist verloor de graankoning alle banden met de Andere, die er precies voor gezorgd had dat de graanboer een graankoning werd. King resumeerde: 'Deze leer van het materialisme komt onvermijdelijk in een slop terecht, in een voor het verstand zinledige wereld. Te geloven dat de menselijke persoonlijkheid de vrucht is van een toevallig samenspel van atomen en elektronen, is even absurd als te geloven dat een aap, door op goed geluk op de toetsen van een schrijfmachine te slaan, mettertijd een toneelstuk zal kunnen afleveren zoals Shakespeare ze schreef. Pure magie. De rijke dwaas is, als velen in de twintigste eeuw, zo verwikkeld geraakt in grote transacties en kleine zaakjes, dat hij God vergat. Hij hechtte aan het eindige oneindige betekenis en verhief een ondergeschikt belang tot een zaak van het allergrootste gewicht.' (Strength to Love, 1963)

Martin Luther King bezat een vast schema van een honderdtal getuigende homilieën. Zijn bekendste is 'I have a dream', uitgesproken in Washington DC op 22 augustus 1963, en zijn meest geliefde 'The Three

Dimensions of a Complete Life', uitgesproken bij zijn belangrijke ambts-aanvaarding aan de Dexter Avenue Baptist Church in Montgomery, Alabama. Precies die laatste homilie vond aansluiting bij het verhaal van de rijke graankoning doordat King opnieuw de naastenliefde als 'een existentiële keuze' vooropstelde. Ieder mensenleven bezit drie afmetingen: lengte, hoogte en breedte. De lengte van het leven is de menselijke omgang met eigen talenten, kansen, mogelijkheden, driften, aspiraties. De hoogte van het leven is de omgang met de Schepper en de breedte is de omgang met de anderen. Zelfrealisatie kan pas ontstaan als de mens zich ten volle toelegt op de drie voornoemde verbindingsdraden en wanneer de mens beseft onomkeerbaar verbonden te zijn met die levensdraden. King schonk veel aandacht aan de breedte van een mensenleven of het altruïsme. In zijn boek *Stength to Love* schreef hij: 'Niemand heeft leren leven zolang hij niet kan uitstijgen boven de enge grenzen van zijn persoonlijke belangen, naar de wijdere belangen van de gehele mensheid. Lengte, waaraan de breedte ontbreekt, doet denken aan een afgesloten zijriviertje dat geen afwatering heeft naar de oceaan. Dit bedorven water mist alle leven en frisheid. Willen we zuiver en zinvol leven, dan moeten we de aandacht voor onszelf combineren met die voor anderen. Bij zijn symbolische schildering van het laatste oordeel geeft Jezus immers duidelijk te kennen dat het criterium voor de scheiding tussen bokken en schapen ligt in de daden verricht voor anderen. Er zal niet gevraagd worden hoeveel academische graden men behaalde, of hoeveel geld men bijeengaarde, maar wel hoeveel men deed voor de anderen. Heb je de hongerigen te eten gegeven? Heb je een beker fris water gereikt aan de dorstigen? Heb je de naakten gekleed? Heb je de zieken bezocht en de gevangenen verkwikt en gesteund? Dat zijn de vragen die de Heer van alle leven zal stellen. Het Licht is in de wereld gekomen, en ieder kan zelf beslissen of hij wil wandelen in het licht van scheppend altruïsme of in de duisternis van afbrekende zelfzucht.'

Van particulier naar universeel altruïsme

Karl Rahner zei ooit dat de christelijke naastenliefde pas dan haar echte wezen krijgt 'wanneer niet meer gerekend wordt, maar wel de bereidheid bestaat om lief te hebben zonder een beloning te verwachten'. In zijn homilie van de Goede Naaste gaf King een verdieping aan het christelijke begrip van het altruïsme. In tegenstelling tot het *universele altruïsme* wordt de menselijke geschiedenis al te vaak gekenmerkt door oppervlakkig of particulier altruïsme. Tijdens de Griekse democratie ontstond een zekere aristocratie, maar voor de grote groep van Griekse slaven was er geen plaats. De Amerikaanse Onafhankelijkheid omschreef het gelijkheidsbeginsel, maar het universele karakter van de tekst zou spoedig worden genegeerd. 'Alle mensen zijn gelijk geschapen' werd 'Alle blanken zijn gelijk geschapen'. De bekrompen visie van 'eigen volk eerst' is een splijtzwam die de menselijke geschiedenis al zoveel eeuwen aantast en die ook vandaag, niet ver van ons eigen huis, schade aanricht. Volgens King was de goede naaste in staat tot *gewaagd en overvloedig altruïsme*. Hij nam het niet zo nauw met de religieuze joodse voorschriften die het verboden een gewonde man zomaar aan te raken. Hij nam het ook niet zo nauw met zijn eigen veiligheid doordat hij onbevangen naar de gewonde ging en hem hielp. Hij nam het niet zo nauw met het religieuze conflict tussen Samaritaanse allochtonen en joodse autochtonen omdat hij niet geloofde in een particulier altruïsme. Hij zette zijn leven op het spel voor het welzijn van de andere. Bovendien verbond de goede naaste de wonden van de gewonde man en zette hem op zijn eigen rijdier. De goede man deed meer dan nodig, want hij bracht de gewonde naar een herberg, liet geld achter voor zijn verpleging, gaf te kennen bij te betalen en was bereid om terug te keren naar de herberg. Daarom zei King: 'In ons streven om de naastenliefde tot werkelijkheid te maken hebben wij, behalve het bezielende voorbeeld van de barmhartige Samaritaan, het grootmoedige leven van Jezus Christus tot richtsnoer. Zijn altruïsme hield de wereld omvat, want Hij beschouwde alle mensen, zelfs tollenaars en zondaars, als zijn broeders. Zijn altruïsme was gewaagd, want Hij was bereid onveilige wegen te gaan voor een zaak die Hij rechtvaardig vond. Zijn altruïsme was overvloedig, want Hij verkoos te sterven op Golgotha, en een grootser uiting van de gehoorzaamheid aan het gebod dat niet kan worden opgelegd, kent de geschiedenis niet.' (Strength to Love, 1963)

De radicale agape

In zijn monumentaal werk *Christ sein* (1975) heeft de befaamde Zwitserse theoloog Hans Küng in duidelijke bewoordingen het onderscheid tussen eros en agape neergeschreven. Küng verkiest de tegenstelling tussen de begerende eros en de schenkende agape op te heffen, omdat die tegenstelling ten koste gaat van beide begrippen. De mens die liefheeft, kan immers ook begeren en de mens die begeert, kan ook liefhebben. Een geconstrueerde tegenstelling tussen beide begrippen ontkracht de eros van haar hartstocht en de agape van haar affectiviteit. In het spoor van Yves Congar gaf Küng een verdieping aan het vaak misbegrepen woord agape, doordat hij de agape verbond met haar wortels van vergeving, dienen en onthechting.

In tegenstelling tot de romantische Latijnse filia of de begerende Griekse eros noemde King de agape 'de verlossende goede wil van en voor alle mensen van goede wil'. (Stride Toward Freedom, 1958) Hij zag agape als de belangeloze naastenliefde die geen onderscheid maakt tussen vriend of vijand, die creatief nieuwe wegen durft te gaan en bereid is om te verzoenen en de gemeenschap te herstellen. Voor King is agape geen passieve liefde, maar daadwerkelijke liefde die offers vraagt. Het is de liefde van Jezus, die liefhad tot het uiterste. Het is de liefde van de Schepper, die in elk mensenhart opborrelt als een onuitputtelijke bron van leven. Het is de onvoorwaardelijke bekommernis om de medemens, zoals in de parabel van de onbarmhartige dienaar. Het is de verzoenende liefde zoals in de parabel van de verloren zoon. Het is de vrijmoedige liefde zoals in het verhaal van de boetvaardige zondares.

Deze *christelijke agape* werd een belangrijk item in Kings leven. Tijdens de historische Montgomerybusboycot werd de massabeweging geleid door het vaste grondbeginsel van de naastenliefde; als pastoraal werker in de Dexter Avenue Baptist Church in Montgomery richtte King sociale comités op ten behoeve van zieken en behoeftigen; bij het Lincoln Memorial in 1963 had King veel aandacht voor de solidariteit tussen zwarte en blanke deelnemers; tijdens zijn Nobelprijsrede in 1964 noemde King de agape de sleutel om de wereldproblemen op te lossen en in zijn homilie 'Paul's Letter to American Christians' zei King: 'Ik heb ervaren dat agape het hoogste goed is. Dit is het centrale beginsel van de schepping. Dit is de grote samenbindende kracht van het leven. God is liefde. Hij die liefheeft, heeft de sleutel ontdekt die tot de laatste werkelijkheid toegang heeft. Hij die haat, staat vooraan op de lijst van het niets-zijn.' (Strength to Love, 1963) Het is goed te begrijpen dat King bij veel burgerrechtenmarsen vooropging en helemaal geen angst vertoonde om gearresteerd te worden. Na de burgerrechtstrijd in de jaren vijftig en zestig, koos King vanaf 1965 resoluut voor economische strijd. King ging zelf naar de getto's en de slums in Chicago. Uiteindelijk schreef King in zijn bekendste boek *Stride Toward Freedom. The Montgomery Story*: 'Agape is een liefde waarin het individu niet uit is op eigen voordeel maar op dat van de naaste. Agape begint met anderen lief te hebben ter wille van henzelf. Het is geheel en al een zich bekommeren om de naaste, waarbij ieder die men ontmoet de naaste is. Agape is niet een zwakke of passieve liefde. Het is daadwerkelijke liefde. Liefde, agape, is *het enige cement* dat de gebroken gemeenschap weer kan lijmen.'

Geroepen om te dienen

Martin Luther King gaf aan het christelijk begrip agape een verdieping door het begrip te verbinden met *de menselijke roeping*. Volgens King is de mens geroepen om het licht van de wereld te zijn. Licht verdrijft donkerte en verspreidt zich gemakkelijk. Het verwijst naar de complexe en complementaire werkelijkheid die licht en duisternis in zich dragen en daardoor een mysterieuze kern bezit, namelijk de kern van elkaar aanvullende polariteiten zoals yin en yang. Mahatma Gandhi zag, na jarenlange strijd, de hoop op eenheid tussen hindoes en moslims niet vervuld; Jefferson had een groot geloof in de werking van de democratische idealen, maar bezat heel wat slaven; Woodrow Wilson stierf voordat hij de overwinning van de Volkenbond kon vieren; Lincoln trachtte de Unie te bewaren, maar zijn tragische dood deed alle hoop op bevrijding in het niets verdwijnen. Licht en duisternis verstrengelen zich in elkaar en de mens heeft de roeping om op zoek te gaan naar het licht en de onvermijdelijke duisternis te dragen.

King besefte ook dat de mens geroepen is om het zout van de aarde te zijn. Zout bewaart en geeft smaak. Zout verwijst naar het levensengagement en het menselijke levensoptimisme. Op die manier is het zout het tegengif voor de angst en de creatieve kracht die het verleden verbindt met de nakende toekomst. In zijn homilie 'Tegengif voor de angst' verwees King naar drie krachten die het zout tot zout maken: moed, naastenliefde en geloof. Terwijl moed de innerlijke kracht is om vooruit te gaan, is naastenliefde de ordening of verlichting van een mensenleven en geloof het innerlijke evenwicht. Mensen zonder zout zijn angstig, onverschillig, apathisch en verkiezen de passiviteit boven de actieve, geweldloze strijd. Mensen zonder zout huldigen het status-quo en gaan niet (ver genoeg) op zoek naar de diepste kern van hun persoonlijkheid. Zoals de wetsgetrouwe priester en leviet uit de parabel van de goede naaste, of zoals de plichtsgetrouwe oudste zoon uit de bekende parabel, zijn mensen zonder zout niet bereid om uit hun zelfverzekerde cocon te kruipen en op weg te gaan naar een nieuwe toekomst. Zoutige of creatieve mensen daarentegen blijven niet bij de pakken zitten. Zij staan recht en zijn bereid te vechten tegen onrecht.

King vergeleek bovendien de mens met gist in het deeg. Gist hervormt, doet opbruisen en verwijst naar de diepe kracht die mensen in beweging zet om hervormingen door te voeren of nieuwe tijden aan te kondigen. In Paulus' voetspoor verkoos King dat christenen 'thermostaten in plaats van thermometers' moeten zijn en op die manier, in onderling overleg, de temperatuur van de samenleving behoren te wijzigen. Christenen zouden geen 'aambeeld' maar wel 'hamer' van de wereld moeten zijn en zo de samenleving modelleren, in plaats van door diezelfde samenleving gemodelleerd te worden. In zijn homilie 'Niet gelijkvormig maar hervormd' zei King: 'De non-conformist wordt creatief, wanneer hij wordt beheerst door een vernieuwd leven; hij wordt constructief, wanneer hij gedragen wordt door een vernieuwde visie. Door ons leven open te stellen voor God in Christus, worden wij nieuwe schepselen. Van deze ervaring, waarvan Jezus spreekt als een nieuwe geboorte, hangt het af of wij hervormde non-conformisten zullen worden.' (Strength to Love, 1963)

De mens-als-slaaf en de mens-als-mens

De joodse denker Martin Buber stelde ooit dat 'de mens mens wordt met de mens'. De mens vindt pas dan zijn diepste mens-zijn in de respectvolle omgang met andere mensen. Nochtans toont de menselijke geschiedenis dat de eerbiedige omgang van de mens met andere mensen dikwijls oppervlakkig of soms helemaal niet plaatsheeft. Onze omgang met mensen wordt veelal bepaald door uiterlijke normen als bezit, macht, aanzien, en ook door normen als schoonheid, gezondheid, intelligentie, talenten, vrienden, relaties. De materialistische maatschappij verheerlijkt vaak het adagium van hebben, presteren, kunnen – en mensen die hieraan niet beantwoorden, worden dikwijls bestempeld als marginalen. De consumptiemaatschappij eert de mens om zijn hebben of doen, niet om zijn 'zijn' zelf en op die manier ligt de waarde van de mens niet in zijn bestaan, maar wel in zijn vluchtige en onbestendige eigenschappen. Deze niet om zichzelf beminde mensen worden angstig en agressief, omdat elke andere mens een potentiële bedreiging vormt. Deze mens verliest zijn autonomie en vervreemdt van zichzelf. Wanneer bezit en macht zich meester maken van de menselijke geest, maken zij van die persoon de ergste slaaf. De mens die ingaat op immorele macht om zichzelf te bevestigen, wordt zijn eigen tiran. De mens-als-slaaf is al zeer oud. Jezus van Nazareth respecteerde *de mens om de mens*. In het bekoringsverhaal keert Jezus zich met klem tegen hebzucht, heerszucht en eerzucht, omdat die drie onwaarden de menselijke geest vertroebelen. Jezus verafschuwt bezit, macht, aanzien en stelt delen, dienstbaarheid, deemoed in de plaats, omdat de mens een unieke afstamming en roeping in zich draagt. Als arme onder de armen trok Jezus partij voor onfortuinlijken, hongerigen, zieken, zondaars, wenenden. De rijke brassers, zoals de man met het purperen kleed, noemde hij verdwaalde mensen die schatten verzamelen voor zichzelf. De rijke graankoning, die zelfgenoegzaam zijn leventje leidt, wees hij af. Succes, faam en sociale eer keurde Jezus af, want wie zichzelf verheft, zal vernederd worden en wie deemoedig leeft, zal verheven worden. De twistgesprekken van Jezus met voorname Farizeeën en zijn discussies met toenmalige beleidsvoerders bewezen zijn afkeer van immorele macht en eerzucht. In het verhaal van de farizeeër en de tollenaar bleek de nederige houding van de boetvaardige tollenaar en de hoogmoed van de eigengereide farizeeër.

Het einde van de armoede

In het begin van de eenentwintigste eeuw lijkt het vijf voor twaalf voor *de mondiale naastenliefde*. Democratisering en mondialisering zijn niet opgewassen tegen een wereld die volgens harde economische wetten leeft en wordt geleefd. Elke minuut geven de landen van de wereld 1,8 miljoen dollar uit voor militaire bewapening. Elk uur sterven 1500 kinderen van honger of ondervoeding. Elke dag sterft er een dier- of plantensoort uit. Elke maand komt er bij de schuldenberg van de derde wereld nog eens 7,5 miljard dollar bij. Op een wereldbevolking van 6 miljard mensen zijn anderhalf miljard mensen uiterst arm. Twintig procent van de wereldbevolking overleeft de dag met een dagelijks inkomen van één dollar. Martin Luther King heeft aan de ontplooiing van het universele altruïsme en de strijd tegen de armoede steeds *de historische opdracht van de Kerk* gekoppeld. In zijn beroemde *Letter from Birmingham City Jail* en in de laatste hoofdstukken van zijn eerste boek *Stride Toward Freedom. The Montgomery Story* keek King de kerkelijke leiders recht in de ogen. King nam geen blad voor de mond om de historische heilsopdracht van de Kerk kritisch te analyseren. Geregeld beweerde hij dat de Kerk een achterlicht is geweest in plaats van een koplamp, een echo in plaats van een stem, eerder verdediger van het status-quo in plaats van aankondiger van een nieuwe dageraad. King schreef in zijn brief: 'Diep teleurgesteld heb ik gehuild om de laksheid van de Kerk. Maar wees ervan verzekerd dat mijn tranen de tranen van liefde waren. Er kan geen diepe teleurstelling zijn waar geen diepe liefde is. Ja, ik houd van de Kerk. Hoe kan ik anders? Ik zie de Kerk als het lichaam van Christus. Maar hoe hebben we dat lichaam beschadigd en verwond door onze sociale afzijdigheid en met onze angst om voor non-conformist te worden uitgemaakt?' Volgens King bezat de Kerk de wapens van de stem en de sociale actie. Via onderwijs, opvoeding, welzijnswerk en cultuur kan de Kerk aantonen dat ongelijkheid of haat gebaseerd zijn op angst, achterdocht, vooroordelen, meerderwaardigheid. Binnen haar heilsopdracht heeft de Kerk de taak om de leiding te nemen bij maatschappelijke hervormingen door naastenliefde aan te moedigen en door daadwerkelijk stelling te nemen tegen egoïsme. In zijn homilie 'De klop te middernacht' zei King: 'Wanneer de Kerk niet actief deelneemt aan de strijd om vrede en recht, zowel op economisch als sociologisch gebied, zal zij de trouw van miljoenen verliezen en zullen de mensen overal van haar moeten zeggen dat zij haar erfgoed heeft laten verkommeren. Wanneer zij zich daarentegen zal bevrijden uit de ketenen van een dodelijk status-quo, haar historische zending weer wil opvatten en onvervaard in al haar spreken en handelen vrede hoog zal houden, dan zal zij de verbeelding van de mensheid doen ontvonken, hun zielen in gloed zetten en hen doordringen van een stralende liefde voor vrede, waarheid, naastenliefde en recht.' (Strength to Love, 1963) Misschien onderstrepen de volgende woorden van Johannes XXIII, voor de opening van het Tweede Vaticaans Concilie en bij gelegenheid van Kerstmis, de opportuniteit van de kerkelijke heilsopdracht: 'Tegenover de minder ontwikkelde landen doet de Kerk zich voor, zoals ze is en wil zijn: de Kerk van allen en speciaal *de Kerk van de armen*. De ene, heilige, katholieke en apostolische Kerk is immers niet gemaakt om te heersen, maar om de volkeren te dienen.'

Gewetensvol engagement: de bijdrage van Martin Luther King

Martin Luther King stond aan de kant van de zwaksten. Meer dan wie ook sprong hij in de bres voor *bevrijding en verlossing*. Moedig en strijdlustig nam hij het op voor stemlozen en armen, voor mensen die hunkerden naar vrijheden en rechten. Dankzij Martin Luther King zouden John F. Kennedy, Robert Kennedy en later Lyndon B. Johnson bereid zijn om van de rassengelijkheid in de Verenigde Staten concrete werkelijkheid te maken en de strijd tegen de armoede aan te vatten. In zijn nagelaten geschriften schreef Robert Kennedy: 'De geschiedenis heeft ons allen, zwart en blank, binnen een gemeenschappelijke grens en onder een gemeenschappelijke wet geplaatst. Wij allen, van de rijkste en machtigste der mensen tot het zwakste en hongerigste der kinderen, delen één kostbaar bezit: de naam "Amerikaan". Het is niet gemakkelijk te ontdekken wat die naam betekent.' In de lijn van King en de Kennedy's zou Johnson een uitgebreid hervormingsprogramma lanceren, wat zou moeten leiden tot de *Great Society*. In het jaar dat King de Nobelprijs voor de vrede in Oslo ontving, besloot het Amerikaanse Congres tot de oprichting van een Office of Economic Opportunity (OEO), een massaproject om armen en zwakken te helpen. Kleine kinderen werden voorbereid op de kleuterschool; teenagers uit arme gezinnen werden begeleid naar de middelbare school; jongeren kregen cursussen met het oog op werk; armen in plattelandsgebieden werden geholpen; gratis rechtsbijstand voor kwetsbare maatschappelijke groepen ontstond; voedselbonnen en huursubsidies hielpen de stedelijke armen; kortom Johnson verklaarde de oorlog aan de armoede. Toch ging King niet akkoord, omdat veel projecten te kleinschalig waren opgezet. King dacht toen al aan zijn eigen strijd tegen de bittere armoede, namelijk de Poor People's Campaign.

De hedendaagse vredesbeweging kan veel leren van Martin Luther King. Zijn agape werd een universele en radicale naastenliefde waarbij de grenzen van ras en land niet golden. In navolging van Buber besefte

King goed dat de mens pas mens wordt met de mens en dat de mens geroepen is om te dienen en niet om te heersen. Kings inzet voor een wereldwijde agape werd zijn strijd tegen de wereldwijde armoede en daarin wilde King tot het uiterste gaan. In het voetspoor van King zong Bob Dylan: *'Democracy don't rule the world, you'd better get that in your head. This world is ruled by violence but I guess that's better left unsaid. From Broadway to the Milky Way that's a lot of territory indeed. And a man's gonna do what he has to do when he's got a hungry mouth to feed.'* (Infidels, 1983)

Ann DeMeulemeester
licentiate in de pedagogische wetenschappen
algemeen secretaris ACW

Veel scholieren worden vandaag aangesproken door de moed van Martin Luther King

De grote vraag die Martin Luther King ons vandaag nog steeds voorschotelt, is hoeveel inzet wij bereid zijn te geven om ongelijkheid en onverdraagzaamheid uit de wereld te helpen. Zijn levenstaak was het om langs vreedzame weg gelijke burgerrechten en vrijheid te realiseren voor alle zwarten in de Verenigde Staten. De kracht van zijn overtuiging was dusdanig dat hij zelfs na zijn dood miljoenen mensen kon inspireren en ertoe kon brengen de sociale strijd voor gelijkheid en vrijheid voor elke burger te voeren.

Alle hedendaagse sociale bewegingen blijven inspiratie zoeken bij Martin Luther King: het is als een bron die nooit opdroogt. Veel scholieren worden vandaag aangesproken door de moed en overgave van zijn levenswandel. Samen met Gandhi vormt King de verpersoonlijking van het geweldloze verzet. Over de hele wereld gebruiken de vredesbewegingen, de vakbonden, de ngo's, de vrouwenorganisaties, de verenigingen van armen zijn inzichten en zijn methoden van geweldloze actie. Ook wij in Vlaanderen kunnen ons optrekken aan zijn boodschap en zijn doorzettingsvermogen. Het is immers ontmoedigend om het welvarende Europa te zien wegzakken in onverdraagzaamheid, egoïsme en vreemdelingenhaat. Burgerrechten voor iedere mens blijken nooit definitief veroverd. Daarbij hebben de Europese landen ook de ongelijkheid en armoede nog niet kunnen wegwerken. Fundamentele rechten op onderwijs, huisvesting en gezondheidszorg blijken in bepaalde Europese landen slechts sporadisch gerealiseerd. Op wereldschaal is de armoede zelfs toegenomen in plaats van gereduceerd.

Wij hebben nood aan voorgangers die de boodschap van democratisch samenleven en de basisprincipes van solidariteit kunnen vertalen naar onze tijd. Als sociale beweging moet je tegen de stroom inroeien: de stroom van onverschilligheid, de stroom van ieder-voor-zich, de stroom van cynisme, de stroom van het consumeren zonder meer. De boodschap van de sociale bewegingen mag geen ijle roep in de woestijn zijn. Zoeken naar manieren om aansluiting te vinden bij de mensen, om hen te sensibiliseren en om een draagvlak te creëren bij de bevolking vormen meer dan ooit de concrete uitdaging voor de hedendaagse sociale bewegingen. In moeilijke omstandigheden is Martin Luther King daar wonderwel in geslaagd.

Er zijn nochtans tekenen van hoop: de bondgenootschappen tussen alle sociale organisaties, zoals vertaald in het Europees Sociaal Forum, en netwerken als Platform Wonen of de Staten-Generaal Middenveld maken opgang. De spontane solidariteit van de Europese bevolking met de getroffen gebieden in Azië en de mogelijkheden die hierin schuilen om de structurele samenwerking tastbaar te maken, zijn bemoedigend. Zo ook de vele kleine cirkels van solidariteit in België: scholen die opkomen voor asielzoekers, verenigingen van kansarmen, buurt- en wijkbewoners die de handen in elkaar slaan. Moedig en volhardend trachten mensen zin te geven aan hun bestaan, ondanks de economische wervelwinden die we soms moeten doorstaan. Ook Martin Luther King kan ons hierbij inspireren. Als je droomt, zie je immers altijd tekenen van hoop.

6. MOED ALS CREATIEVE ZELFBEVESTIGING

Tijdens zijn leven had Martin Luther King de sterke wil om buiten de lijnen te lopen en geregeld stroomopwaarts te roeien. Met alle geweldloze middelen bestreed hij de Amerikaanse racistische samenleving en boekte daarbij talloze overwinningen. Jim Crow werd op die manier in diskrediet gebracht. King en zijn moedige strijdmakkers kozen voor evolutie in plaats van revolutie en traden in het voetspoor van historische Afro-Amerikaanse burgerrechtenleiders als Frederick Douglass, Booker T. Washington en W.E.B. Du Bois. Via hen ontdekte King geleidelijk de ware zin van de menselijke moed en volharding: moed is het innerlijke besluit om voort te gaan in weerwil van de tijdsomstandigheden en moed kweekt creatieve zelfbevestiging. Moed kijkt de angst in de ogen en ontwapent hem. Moedige mensen verliezen nooit de fleur om te leven, ook al ontbreekt in hun levenssituatie alle fleur en geluk. Een hedendaagse vredesbeweging heeft de opdracht om haar vrijwilligers, teamleden, beleidsverantwoordelijken en freelance medewerkers aan te moedigen in de geweldloze beleidsoptie en om in de maatschappelijk-politieke arena een knetterend vuur te doen oplaaien.

Jim Crow in het offensief

Dansend schuifelde Thomas Dartmouth Rice in 1832 over het toneel van het Bowery Theatre in New York. Met *Jump, Jim Crow* schonk hij Amerika een internationale hit. De blanke Thomas Rice danste met een zwart gemaquilleerd gezicht en zong in een zuidelijk dialect, omdat hij er zin in had de zwarte gemeenschap een moment voor aap te zetten. Met veel spot en inlevingsvermogen slaagde hij daarin wonderwel. Sommige Amerikaanse schrijvers beweren dat Jim Crow een slaaf was uit Cincinnati of Charleston en anderen beweren dat het woord 'Crow' afkomstig is van de oude Mr. Crow, een slavenhouder. De meesten zijn van mening dat de naam 'Crow' ontstaan is door een woordspeling, namelijk 'zo zwart als een crow' (kraai). Omstreeks 1838 was de naam Jim Crow synoniem met 'black man' en een jaar later kreeg een antislavernijboek de titel *De geschiedenis van Jim Crow*. In 1841 verscheen er een Jim Crow-spoorwegwagon in Massachusetts en in het begin van de twintigste eeuw was Jim Crow een deel geworden van het Amerikaanse leven. De term was nu ingeburgerd in de hele Amerikaanse maatschappij, alleen Jim Crow zong nu niet meer. De zwarte minnestreel, die ritmisch danste en sprong, had nu meer dan genoeg van de spotterijen en karikaturen. Jim Crow was boos, erg boos. De zwarte minnestreel was nu een muur geworden, een systeem dat zijn wortels vond in de ongelijkheid tussen mensen.

Steen na steen werd de muur hoger en hoger. Doven, blinden en stommen werden gescheiden door hun lichaamskleur. Blanke zusters werd verboden om zwarte patiënten te verplegen en blanke leraren kregen verbod om les te geven aan zwarte studenten. Zuid-Carolina verbood zwarte en blanke arbeiders in dezelfde katoenfabriek door hetzelfde raam naar buiten te kijken en Florida eiste zwarte en blanke studieboeken. Mississippi had gescheiden drinkmachines en Oklahoma installeerde gescheiden maar gelijke telefooncellen. In Noord-Carolina werden fabrieken ingedeeld in zwarte en blanke secties en zelfs gevangenissen hadden gescheiden cellen. New Orleans scheidde zwarte en blanke prostituees en het gerechtshof in Atlanta verschafte Jim Crow een andere bijbel dan de blanke getuigen als er een eed afgelegd moest worden. Gescheiden scholen, gescheiden parken, gescheiden ziekenhuizen, gescheiden zitplaatsen op de bus. Behalve de maatschappelijke segregatie ontstonden er in snel tempo allerlei 'politieke' constructies waardoor zwarten het onderspit moesten delven. In Mississippi moesten zwarte kiezers een welbepaalde personele belasting betalen en stemdistricten werden zodanig ingedeeld dat de invloed van zwarte stemmen kon geneutraliseerd worden. Zwarte kiezers moesten aantonen dat ze niet onalfabeet waren of dat ze eigendom bezaten. Als een zwarte kiezer kon aantonen dat zijn grootvader stemrecht had, voldeed hij en bezat hij stemrecht. Maar veel zwarte grootvaders leefden als slaven en hadden nooit stemrecht gehad. Kortom, het hele Amerikaanse maatschappelijke leven in de eerste decennia van de twintigste eeuw werd bepaald door ccn verfoeilijke segregretatiepolitiek die steunde op angst, obsessies, frustraties en onverschilligheid. Zwarten waren tweederangsburgers en daar leek geen ontkomen aan. Een *moedige man uit Atlanta* zou het tij doen keren.

Jim Crow in het defensief

Martin Luther King groeide op in Atlanta, de hoofdstad van Georgia. Eén keer in zijn tienertijd ging hij naar de bioscoop, maar hij kreeg alleen toegang via de zijdeur. Hij wist heel goed dat hij een ijsje alleen maar kon bestellen via een zijraam en hij diende tevreden te zijn met een papieren bekertje, want metalen schaaltjes werden gereserveerd voor blanken. Toch leerde King Junior al heel vroeg wat segregatie inhield en hoe je Jim Crow, met veel moed en doorzettingsvermogen, kon bekampen. King ontving van zijn ouders een gevoel van eigenwaarde – vandaag zouden we zeggen assertiviteit – om aan geen enkel discriminerend systeem toegevingen te doen. Via de Afro-Amerikaanse *struggle for life* groeide bij King geleidelijk *een emancipatorisch bewustzijn* dat een enorme kracht zou worden in zijn latere leven.

Via zijn moeder leerde King Junior de zwarte helden kennen. Nat Turner (1800-1831) werd als leider van een slavenopstand in Virginia gevangengenomen en met zijn aanhangers opgehangen. Frederick Douglass (1817-1895) was een weggelopen slaaf en werd later een belangrijk uitgever, politicus en voorstander van de afschaffing van de slavernij. Douglass ijverde voor de uitbreiding en versterking van de zwarte verzetsbeweging en steunde daarbij op een programma van onmiddellijke integratie. Hij pleitte voor sit-ins, ride-ins en propageerde de vooruitgang-door-strijd. In 1857 sprak Douglass: 'De geschiedenis van de vooruitgang van de menselijke vrijheid toont duidelijk aan dat iedere toegeving die tot nu toe is bereikt, het resultaat is van een moedige strijd. Zonder strijd kan er geen vooruitgang zijn en zij die wel vrijheid wensen, maar harde strijd daarvoor afkeuren, zijn mensen die willen oogsten zonder geploegd te hebben, die regen willen zonder wind of donder. Zij willen de oceaan, maar zonder het razende getier van de golven. En die strijd kan moreel of lichamelijk zijn, maar een strijd moet het zijn. Macht wijkt immers nooit zonder aandrang. Dat is nog nooit gebeurd en het zal ook nooit gebeuren. Wanneer wij bevrijd willen worden van verdrukking en onrecht, zullen wij voor het verwijderen daarvan moeten betalen. En dat moeten wij doen door hard werken, door lijden en door het offeren van ons leven of dat van anderen.' Via Douglass leerde King ook William Edward Burghard Du Bois (1863-1963) kennen. Dat was een magere, kleine man die een programma van voortdurende agitatie en overredingskracht voorstelde. Als professor aan de Atlanta University trachtte Du Bois de liberale blanke en zwarte strijdbare krachten te verenigen en een geïntegreerd politiek en maatschappelijk stelsel uit te bouwen. Met enkele vrienden richtte hij in 1909 de National Association for the Advancement of Colored People (NAACP) op, de oudste zwarte burgerrechtenbeweging die nog steeds bestaat en die veel stof deed opwaaien bij de Amerikaanse presidentsverkiezingen in 2000. Bij zijn oproep voor de eerste bijeenkomst in 1909 sprak Du Bois: 'Wanneer Lincoln nog een persoonlijk bezoek aan Amerika zou kunnen brengen, zou hij moedeloos worden. Hij zou te horen krijgen dat Georgia op 1 januari 1901 met alle andere zuidelijke staten weer een bondgenootschap heeft gesloten om de zwarte bevolking te onderdrukken. Lincoln zou zwarte mannen en vrouwen zien, voor wier vrijheid honderdduizenden soldaten hun leven gaven, die apart gezet worden in treinen, waar zij eersteklasprijzen betalen voor een derdeklasbehandeling en die gescheiden worden in stations en op openbare plaatsen. Lincoln zou opmerken dat staat na staat zijn meest elementaire plicht, het voorbereiden van de zwarte mens via opvoeding, totaal nutteloos acht en verzaakt.'

Niet alleen de verhalen over Sojourner Truth, Harriet Tubman, John Brown en Abraham Lincoln boeiden King Junior. Via het voorbeeld van *zijn ouders* wilde hij ook paal en perk stellen aan de toenmalige segregatiewetten. Op zijn vijftiende reed hij eens met mevrouw Bradley, een lerares, van Atlanta naar Dublin om deel te nemen aan een voordrachtwedstrijd. Het onderwerp van Kings toespraak was: 'De zwarte en de grondwet'. 's Avonds reden King en mevrouw Bradley met de bus terug naar Atlanta. Onderweg stapten enkele blanke passagiers in en de blanke chauffeur gebood King en de lerares op te staan en hun stoelen voor de blanke passagiers beschikbaar te stellen. Omdat King wat aarzelde, kreeg hij onmiddellijk enkele scheldwoorden naar zijn hoofd geslingerd. Hij verkoos stellig te blijven zitten, maar mevrouw Bradley wilde zeker de plaatselijke wetten niet overtreden. De rest van de reis naar Atlanta, ongeveer honderd vijftig kilometer, moest King in het gangpad staan. Hij was woedend. Een andere keer zond King een brief naar de Atlanta Constitution. In de brief, genaamd 'Kick Up Dust', hekelde hij de verwarring en de verdoezeling die blanken brachten om zodoende de zwarte strijd op een nevenspoor te brengen. Als vijftienjarige knaap schreef King doortastend: 'Wij willen en wij hebben recht op de rechten en kansen die alle Amerikanen hebben: het recht om een inkomen te verwerven; gelijke rechten wat onderwijs, gezondheidszorg, ontspanning en openbare diensten betreft; het recht om te stemmen; gelijkheid voor de wet; en hetzelfde respect en dezelfde beleefdheid die wij opbrengen in elke vorm van menselijke omgang.' (Atlanta, 1946) Samen met heel veel gelijkgezinden bracht Martin Luther King Jim Crow in diskrediet. Racisme was niet langer de norm. De segregatiemuur vertoonde stilaan scheuren en King zou daarbij verschillende breekijzers hanteren.

Een roeping in de roeping

Wegens de belangrijke invloed van zijn ouders wilde King voor de zwarte gemeenschap iets doen. Zijn aanvankelijke droom om arts of advocaat te worden liet hij varen, doordat hij meer en meer interesse kreeg voor *het domineesbestaan*. Tijdens zijn laatste studiejaar aan het befaamde Morehouse College in Atlanta kreeg zijn verdere levensloop stilaan vorm. Dr. Benjamin Mays, rector aan het Morehouse College en dr. George Kelsey, professor filosofie en theologie, brachten King tot bezinning. Als dominees en moderne denkers oefenden zij op King een grote aantrekkingskracht uit vanwege hun intellectuele eerlijkheid en maatschappelijke inzet. Aansluitend kreeg King Junior veel goede raad van zijn vader, zodat hij op zijn negentiende, toen hij de poort van Morehouse achter zich dichttrok, besloot naar het seminarie te gaan.

Kings eerste roeping was een moedige keuze. Hij ging immers naar een 'blank' seminarie te Chester, in Pennsylvania, in het hoge Noorden. Die keuze was totaal tegendraads, tegen de wil van zijn vader en zijn familie. Aan het Crozerseminarie bestudeerde King de sociale leerstellingen van Plato, Aristoteles, Rousseau, Voltaire, Hobbes, Bentham, Mill en Locke. Voorts las hij meermaals *Christianity and the Social Crises* van Walter Rauschenbusch, waardoor de rol van het sociale evangelie een topic werd in Kings vroege denken. In zijn eerste boek *Stride Toward Freedom. The Montgomery Story* schreef King enigszins geflatteerd: 'Sedert het lezen van Rauschenbusch ben ik blijven vasthouden aan de overtuiging dat elke godsdienst die voorgeeft zich te bekommeren om de zielen der mensen en die zijn bemoeienissen niet uitstrekt tot de maatschappelijke en economische levensomstandigheden welke de ziel verwonden, een geestelijk ten dode opgeschreven godsdienst is.'

Na het seminarie kwam de universiteit van Boston. King ging nu in de leer bij Edgar S. Brightman en L. Harold DeWolf, twee eminente filosofen, en kwam op die manier tot *het personalisme,* de filosofische leer die de uiteindelijke betekenis van de werkelijkheid bij de persoon legt. King kreeg nu meer aandacht voor de waardigheid en de goddelijke afstamming van de mens. Via zijn studies in Pennsylvania en Boston kwam hij tot een positieve en sociale levensbeschouwing waarbij de geweldloze strijd zowel een theoretische als praktische waarde bezat en waardoor hij een duidelijke aanklacht kon formuleren tegen de heersende rassenscheiding. In zijn *Letter from Birmingham City Jail* schreef King later: 'Elke wet die de mens degradeert, is verkeerd. Alle regels en wetten die de segregatie in stand houden zijn verkeerd, omdat segregatie de ziel en persoonlijkheid van de mens aantast. Ze geeft de onderdrukker een onjuist gevoel van superioriteit en de onderdrukte een onjuist gevoel van minderwaardigheid. Rassenscheiding vervangt een "ik-u"-relatie door een "ik-het"-relatie en zorgt ervoor dat mensen gedegradeerd worden tot dingen. Daarom is rassenscheiding niet alleen politiek, economisch, sociologisch onjuist, maar ook moreel verkeerd en zondig.'

Kings eerste roeping als dominee kreeg vaste vorm in zijn moedige keuze voor een zwarte kerkgemeenschap in het Zuiden. Zijn leertijd van eenentwintig jaar zonder onderbreking bracht hem aanvankelijk in een moeilijke tweestrijd: aan de ene kant voelde hij zich aangetrokken tot het domineesbestaan en aan de andere kant wilde hij ook een leerstoel bekleden. Zou hij nu deken of professor worden in het Noorden of zou hij, met alle nakende problemen, teruggaan naar het Zuiden en met alle middelen de kerkgemeenschap van Montgomery in Alabama bijstaan? Het bleef lange tijd een dilemma en toen koos King toch voor Montgomery. Later schreef hij: 'Ten slotte kwam ik met mijn echtgenote overeen dat wij ons, alle nadelen en opofferingen ten spijt, het verdienstelijkst konden maken, daar waar wij geboren en getogen zijn, in het Zuiden. Wij kwamen tot het besluit dat wij zoiets als de zedelijke verplichting hadden om terug te gaan – tenminste voor enkele jaren.' (Stride Toward Freedom, 1958) King ging naar Montgomery, niet alleen om Vernon Johns te vervangen, maar vooral om 'de onverschilligheid bij de ontwikkelde groepen en de passiviteit bij de onontwikkelden' te hervormen. King zou, vooral door de historische ontwikkelingen van het zwarte verzet evenals door zijn persoonlijke moed, een nieuwe toekomst bieden aan vijftigduizend inwoners van Montgomery. Zij waren de segregatie op de stadsbussen meer dan moe en verlangden verandering. Het wonder van Montgomery voltrok zich.

Kings tweede roeping werd een roeping in de roeping en die tweede roeping verdient enige aandacht. *Het burgerrechtenleiderschap* van King moet worden gezien binnen de wisselende historische omstandigheden en de historische personen die een belangrijke rol speelden in het begin van de busboycot. David Garrow, Amerikaans King-deskundige, heeft hier eens te meer op gewezen in zijn talrijke publicaties. Zo was de weigering van Rosa Parks om op te staan geen historisch fait divers of een toevallig moment. Rosa Parks had al verschillende pogingen ondernomen om de segregatie te ontwijken en uiteindelijk slaagde zij in haar opzet. Maar ook anderen speelden een belangrijke rol in de individuele protestdaad van Rosa Parks: Edgar Daniel Nixon (1899-1987) en Jo Ann Gibson-Robinson (1912-1992) vormden de eigenlijke initiatiefnemers van de boycot en niet Martin Luther King. E.D. Nixon was een rijzige zwarte man, afkomstig uit Robinson Springs in Alabama, en hij werkte meer dan veertig jaar als slaapwagenbediende. Als voorzitter van de staatsafdeling van de NAACP en eveneens voorzitter van de plaatselijke NAACP-afdeling in Montgomery, werkte Nixon met veel doorzettingsvermogen voor de rechten van de zwarte gemeenschap in het Zuiden. In de jaren vijftig had hij veel contact met Jo Ann Robinson, een blanke docente Engelse literatuur in Alabama en voorzitter van de Politieke Vrouwenraad te Montgomery. In haar boek, *The Montgomery Bus Boycott and the Women who started it* beklemtoonde zij, samen met David Garrow, de belangrijke rol van de blanke en zwarte vrouwen in het ontstaan en de ontwikkelingen van de busboycot, alsook van de Civil Rights Movement.

Kings geweldloze strijd in Montgomery kreeg een vervolg. Soortgelijke boycots werden ondernomen in Birmingham, Mobile, Tallahassee, maar King slaagde er niet in om de aandacht van de wereldpers te verkrijgen. Het wonder in Montgomery zou uitbreiding krijgen langs andere wegen, wegen die King niet onmiddellijk had voorzien. Op 1 februari 1960 ging een groep zwarte collegestudenten een snackbar van Woolworth binnen in Greensboro, North Carolina. De studenten gingen aan de bar zitten en weigerden weg te gaan zonder dat ze bediend waren. De politie kwam snel ter plaatse, maar de volgende dag kwamen er nog meer studenten. Ook in Nashville, Tennessee, hanteerden studenten dezelfde geweldloze technieken en zorgden voor ongenoegen bij de plaatselijke blanke bevolking. Vervolgens stelde King voor om een bijeenkomst van studenten te organiseren en dat voorstel leidde uiteindelijk tot een vergadering van meer dan tweehonderd jongeren aan de Shaw University in Raleigh, North Carolina, en tot de oprichting van het Student Nonviolent Coordinating Committee (SNCC). Enkele maanden later, in 1961, kregen de sit-ins een vervolg in het ontstaan van de *Freedom Rides*. Interraciale burgerrechtenactivisten vertrokken met twee bussen in Washington DC richting New Orleans en besloten halt te houden in verschillende zuidelijke steden om daar het nieuwe klimaat van gelijkwaardigheid uit te testen. King sympathiseerde onmiddellijk met de Riders en zou in de volgende jaren veel contacten hebben met de jonge activisten.

De hevigste strijd voor King had plaats in Birmingham, Alabama, een racistisch wespennest. Intimidaties, geweldplegingen, verminkingen en moorden waren aan de orde van de dag en angst overheerste. Nochtans bestond er ook verzet. Aan het hoofd van de Alabama Christian Movement for Human Rights stond een onverschrokken en erg moedige zwarte predikant, Fred Shuttlesworth. Sinds 1956 bestreed hij de segregatie in Birmingham, als het moest op zijn eentje, en hij ging voor niemand uit de weg. Shuttlesworth kreeg diverse bomaanslagen op zijn huis, hij was verscheidene keren door een menigte mishandeld en had acht keer in de gevangenis gezeten. Spoedig kreeg het stadsgedeelte, waar Shuttlesworth en zijn medestanders woonden, de toepasselijke naam 'Dynamite Hill'. Nochtans was hij de beste maatjes met Martin Luther King en diens broer Alfred Daniel King, die ook dominee was in Birmingham. Met zijn drieën namen zij het op tegen Eugene (Bull) Connor, een ware buldog van een politiecommissaris. Maanden voorbereiding en overleg namen veel tijd in beslag en uiteindelijk kon de geweldloze strijd beginnen. King raakte vrij snel in de gevangenis, schreef zijn wereldberoemde brief *Letter from Birmingham City Jail*, kwam weer vrij op borg en bleef volharden in de straten van Birmingham. Zelfs scholieren en kinderen demonstreerden met hem. Bull Connor slaagde er niet in om de massale deelnames te doen ophouden. Weerloze activisten en kinderen kregen te maken met hogedrukslangen, traangas, politiehonden en de straten van Birmingham leken wel een slagveld, maar King gaf niet op. Op 5 mei 1963 gingen drieduizend kinderen naar de gevangenis van Birmingham om daar te bidden voor hun opgesloten vrienden. Later sprak King: 'Ik zag hoe groot het zelfbewustzijn en de moed waren van onze mensen. Ik zag ook hoe machtig de geweldloosheid kan werken.' (Why We Can't Wait, 1964)

Angst voor de angst

Als filosoof sprak en schreef King voortdurend over de angst en *de angst voor de angst*. In zijn laatste boek *Where Do We Go From Here: Chaos or Community?* (1967) schreef hij hoe moeilijk het was om de eigenwaarde van de zwarte bevolking au sérieux te nemen. Hoezeer ook de menselijke vooruitgang gekenmerkt werd door de bijdrage van zwarte burgers, toch bleef er in het moderne Amerika van de jaren zestig een tendens om die bijdrage te minimaliseren of te verwaarlozen. Zolang de geest zucht in angst, kan het lichaam nooit vrij zijn. King schreef: 'Geen vrijheidsproclamatie van Lincoln en geen wet op de burgerrechten van Kennedy of Johnson kan vrijheid brengen aan de zwarte gemeenschap. De zwarte burger zal pas vrij zijn als hij afdaalt in de innerlijke diepten van zijn eigen wezen en met de pen en inkt van zijn zelfbewuste individualiteit de eigen vrijheidsproclamatie ondertekent. Met een geest reikend naar waarachtig zelfrespect moet de zwarte burger stoutmoedig de boeien van de zelfverloochening afwerpen en tot zichzelf en de wereld zeggen: Ik ben iemand.'

King sprak en schreef meermaals over 'de fobofobie' of de angst voor de angst. Allerlei economische, religieuze en existentiële angsten deden vele zwarten op de tenen lopen omdat een of andere faux pas naar totale chaos kon leiden. Tegelijk achtte King de ontmanteling en vernietiging van de angst ongegrond, omdat de angst ook een creatieve kracht bezit. Hoeveel uitvindingen ontstonden immers niet na het ontsnappen aan een angstige omstandigheid. In zijn homilie 'Tegengif voor de angst' verduidelijkte King: 'De vrees voor het donker leidde tot de ontdekking van de elektriciteit; de vrees voor pijn leidde tot menige wonderbare ontdekking van de medische wetenschap; de vrees voor onwetendheid was een van de redenen dat de mens grote onderwijsinstellingen ging stichten en de vrees voor oorlog dreef de Verenigde Naties bijeen.' (Strength to Love, 1963) Normale angst beschermt en abnormale angst vergiftigt het innerlijke leven van de mens. Voorts had King aandacht voor de overwinning van de angst via de moed. Zoals Thomas van Aquino stelde dat 'moed de geestkracht is en in staat stelt alle hinderpalen te overwinnen', zo bepaalde King dat de moed 'het geestelijke vermogen is om de angst te laten verdwijnen'. In het spoor van de natuurfilosoof Henry David Thoreau, de theoloog Paul Tillich en de psycholoog Erich Fromm stelde King dat moed zelfbevestiging is.

Die zelfbevestiging is geen zelfzucht, want zelfbevestiging houdt zowel een gepaste liefde voor de anderen als een gepaste eigenliefde in. Volgens King is moed de vaste beslotenheid niet te wijken voor enige tegenstand en is lafheid de antipode van creatieve moed. 'Moed is een innerlijk besluit voort te gaan in weerwil van hinderpalen en moeilijke situaties, terwijl lafheid een zich overgeven is aan de omstandigheden. Moed kweekt creatieve zelfrealisatie en lafheid brengt destructieve zelfverloochening voort. Moed ziet angst onder ogen en ontwapent hem; lafheid onderdrukt angst en wordt zo door hem ontwapend.' (Where Do We Go From Here: Chaos or Community?, 1967)

Booker Taliaferro Washington: voorloper in moed

Herhaaldelijk en met lofbetuigingen heeft Martin Luther King verwezen naar een andere figuur uit de Afro-Amerikaanse geschiedenis, namelijk Booker T. Washington. In *Stride Toward Freedom. The Montgomery Story* schreef King dat Washington van mening was dat de zwarte burger zich op eigen kracht moest omhoogwerken en dat het zich verzekeren van een economische basis een erg goede manier was om dat nobele doel te bereiken. In *Strength To Love* noemde King Washington 'een van Amerika's grootste leiders'. In *Where Do We Go From Here: Chaos Or Community?* prees King de moed en volharding van Washington en hoe hij uit een oude slavenhut in de heuvels van Virginia opstond om een van de grootste leiders van Amerika te worden. Maar wie was Washington en waarvoor had King precies bewondering?

Booker Taliaferro Washington, kortweg Booker T. Washington genoemd, werd geboren in 1856 als kind van een zwarte moeder en een blanke vader. Zijn jeugdjaren bracht hij door in Virginia en op zijn zestiende ging hij studeren aan een bekende zwarte school in Hampton. Wegens zijn bekwaamheid en doorzettingsvermogen werd Washington door de directie van Hampton voorgedragen om de leiding te nemen van het Tuskegee Institute in Alabama. De zwarte bewoners wensten een nieuwe school, maar er deden zich enkele problemen voor: er was nauwelijks geld, en er waren geen gebouwen en geen leerkrachten. Met de moed der wanhoop zou Washington alles uit het niets af moeten opbouwen en hij was ook bereid het te doen. Hier begon het succesverhaal van Booker T. Washington. Alles, ja werkelijk alles, deed hij met zijn leerlingen zelf: grond bewerken, stenen bakken, een timmermanswerkplaats oprichten, een drukkerij en een smederij bouwen, een schoenenzaak bouwen, zelfs de nagels voor het bindwerk werden door de leerlingen zelf geproduceerd. 's Morgens stond Washington vroeg op, ging naar zijn varkenshok, en als een volleerd psycholoog stond hij erop zijn rasvarkens persoonlijk te keuren en te verzorgen. Vervolgens trok hij zijn rijkostuum aan, zijn leren laarzen, nam zijn paard en vertrok op inspectie in Tuskegee. Wanneer hem plotseling een lumineus idee te binnen schoot, riep hij vlug zijn stenograaf en dicteerde hem een aantal ideeën. Daarna besteeg hij opnieuw zijn geliefde schimmel en controleerde iedereen. Medewerkers verzamelden feiten voor Washingtons eerstkomende redevoering, vertrouwelijke rapporten van agenten werden geanalyseerd, presidentiële brieven lagen klaar voor bestudering, kortom iedereen stond paraat voor de grote baas in Tuskegee. Maar ook buiten Tuskegee had Washington veel invloed op de toenmalige Afro-Amerikaanse bevolking en op veel blanke bewindslieden. Hij gaf ontelbare speeches, besliste mee over benoemingen van zwarten in Amerika en van blanken in het Zuiden, kon gemakkelijk subsidies verkrijgen voor zwarte bedrijven en corrigeerde zelfs de boodschappen van presidenten aan het Congres. Lerone Bennett jr., een zwarte journalist, gaf ooit een correcte omschrijving van Booker T. Washington: 'Als een schrander man, harde werker, was Washington de geestelijke vader van een programma van verzoening maar ook van onderdanigheid van het ras. Hij weigerde om regelrecht Jim Crow aan te vallen en zette zwarten ertoe aan hun politieke en maatschappelijke doelstellingen ondergeschikt te maken aan hun economische vooruitgang. In elk geval aanvaardde hij de rassenscheiding stilzwijgend en besteedde al zijn aandacht aan industriële opvoeding.' (Amerikanen van het eerste uur, 1968)

Booker T. Washington hield ook van metaforen of beeldrijk taalgebruik. In 1895 werd hij uitgenodigd op de opening van de katoententoonstelling in Atlanta en zou hij ook een redevoering houden. Het leek een spannende onderneming om als zwarte spreker op te treden voor een publiek van vooraanstaande blanken, maar Washington had nooit angst. Tijdens zijn toespraak drukte hij de zwarte gemeenschap op het hart om in het Zuiden te blijven en hun familie niet in de steek te laten. Washington verduidelijkte met een eenvoudig beeld: 'Een schip op de Amazone roept een ander schip om water omdat de bemanning dreigt te sterven van de dorst. Het schip in nood krijgt als antwoord dat ze hun emmers moeten gebruiken op de plaats waar ze zich bevinden, omdat het water op die plaats zoet is en drinkbaar. Alle arbeid is waardevol, sprak Washington, en geen ras kan vooruitgaan tenzij het leert dat er evenveel waardigheid is in het bewerken van een akker als in het schrijven van een gedicht.' Arbeid en volharding maar ook berusting en geduld onderstreepten Washingtons maatschappelijke visie en op die manier belanden we bij een minder fraaie karaktertrek van Washington.

Booker T. Washington was *een eigenaardige leider*, vol ironie en paradoxen. Hij hekelde de vooroordelen van de zuidelijke blanken tegenover de toenmalige zwarte gemeenschap, maar verkreeg zelf toegang tot de hoogste kringen in het Noorden. Hij sprak gelaten over Jim Crow, maar zelf trok hij die woorden weer in door eersteklas te reizen in het gezeldschap van rijke blanken uit het Zuiden. Hij hield de zwarten voor om af te zien van politiek, maar bezat zelf meer politieke macht dan welke zwarte leider uit de Amerikaanse geschiedenis. Toch moeten we Washingtons woorden en daden goed afwegen binnen de tijdgeest en binnen zijn persoonlijkheid. De onrechtmatige kritieken van Kelly Miller, als zou Washington een lam geweest zijn, een opportunist en gelaten verzoener, worden sterk in vraag gesteld en verbleken bij de kritieken van Charles W. Chesnutt, de eerste belangrijke zwarte schrijver. In zijn correspondentie met Chesnutt schreef Washington: 'Als de zwarten ooit verwachten iets te zullen betekenen in deze wereld, dan moeten zij hun idealen niet te laag stellen. Hoewel hun voeten natuurlijk op de aarde moeten rusten, mag het toch niet voor hen verboden zijn, hun ogen op te slaan naar de sterren.' Schulte Nordholt ging akkoord met die visie en geloofde nooit dat Washington de Oom Tom was geweest die (onjuiste) critici beweerden dat hij was.

Up From Slavery, Washingtons autobiografie, is vandaag een klassiek werk en wordt gelezen in vele Amerikaanse secundaire scholen. Booker T. Washington onderhield goede contacten met president Theodore Roosevelt en werd de eerste zwarte burger wiens beeld in de Hall Of Fame te New York werd onthuld. Wellicht blijft Washington bekend wegens zijn moedige en verzoenende levenshouding, maar ook wegens zijn tegenstrijdige en conservatieve ideeën. Het is de verdienste van Louis Harlan, hoogleraar geschiedenis in Maryland, dat Booker T. Washington de eer krijgt die hem toekomt. Met de uitgave van de Booker T. Washington Papers plaatst Harlan de zwarte leider van Tuskegee meteen op de Afro-Amerikaanse en de Amerikaanse tijdslijn. Die plaats verdient hij.

Tot moed en vrijheid bevrijd: de actuele betekenis van Martin Luther King

De Griekse denker Plato beschouwde de moed als een element van de ziel, een element dat een brug slaat tussen de rede en het verlangen. De bekendste leerling van Plato, Aristoteles, zag in de moed de bevestiging van de wezenlijke natuur van de mens en daarmee verbonden stelde Thomas van Aquino dat moed het geestelijke vermogen is om de existentiële angst te overwinnen. De moed neemt de angst in zich op en overwint op die manier de angst. Niets is immers ondraaglijker dan te leven in angst en voortdurend vrees te hebben voor de schaduwzijden van het bestaan. Ziekte, dood, ontbering en armoede vormen die donkere zijde en de mens mag zich niet laten verblinden door die negatieve bestaansfactoren. Daarom sprak Franklin Delano Roosevelt bij zijn ambtsaanvaarding in 1933, tot een natie die verblind was door economische en psychische angst: 'The only thing we have to fear, is fear itself.'

Ondanks al wat 'het zelf' tracht te verhinderen zich te bevestigen, verwijst Martin Luther King inzake moed altijd naar zelfbevestiging. Volgens King is moed *positieve en creatieve zelfbevestiging*, die zowel zelf-realisatie als altruïsme inhoudt en op die manier de angst voor de angst wegneemt. Volgens die denkwijze kan 'het zelf' zich ontplooien, zonder teruggeworpen te worden op 'het ik', dat ontkracht en verstikt. Moedig handelen heeft daarom alles te maken met zelfwaardering, zelfontplooi-ing, altruïsme en solidariteit. Die moed kan alleen ontstaan en groeien binnen de verantwoordelijke vrijheid die het negatieve beeld van de vrij-heid (vrij-zijn-van) verandert in een positieve vrijheidsgedachte (vrij-zijn-om). Daarom zijn waarachtige vrijheid en moed altijd 'verantwoor-delijke vrijheid en moed', die in directe verbinding staan met het menselijke geweten. Martin Luther King was zich van die problematiek goed bewust.

Dirk Barrez
licentiaat in de politieke wetenschappen
VRT-journalist
auteur Noord-Zuidproblematiek

Onze wereld transformeren kan ook zonder geweld

In heel wat landen heeft de democratie wortel kunnen schieten. Dat is de beste vorm van geweldloze conflictoplossing die de wereld tot nu toe heeft uitgewerkt. Democratie ontstaat echter niet vanzelf. Veelal wordt democratie afgedwongen via de geweldloze weg en/of onder druk van sociale en politieke bewegingen. Die bewegingen worden gedragen door leiders, die later in de vergetelheid geraken of gegrift worden in het collectieve geheugen van de mensheid. De eerste naam die in mijn geheugen een blijvende plaats vond, is Martin Luther King. Enerzijds omdat ik de moord op hem als jonge tiener heb beleefd, anderzijds omdat hij opkwam voor gelijke rechten. Hij verkoos een nobel doel en streed met nobele middelen. Hij verkoos eenheid tussen engagement en spiritualiteit, tussen denken en handelen. Martin Luther King hoort volgens mij thuis in het rijtje met Mahatma Gandhi en Nelson Mandela. Gandhi verzette zich tegen onrecht met marsen, ongehoorzaamheidsacties, hongerstakingen en Mandela wilde aanvankelijk geweldloos, later gewelddadig, de Zuid-Afrikaanse apartheid overwinnen. Actieve geweldloosheid leidde tot zichbare resultaten in democratische landen, maar – en dat valt op – ook in niet-democratische landen. King stond tegenover een schijndemocratie, Gandhi tegenover een koloniaal regime, Mandela tegenover een autoritair apartheidsregime. Er zijn meer voorbeelden. Of zijn we al vergeten dat de voormalige communistische regimes in Oost-Europa weggespoeld werden in geweldloze revoluties? Of miskennen we de actuele geweldloze conflictbemiddelingen in Georgië of Oekraïne? Om onze wereld te transformeren heb je geen wapens nodig, geen geweld, maar totaal andere dingen.

Wie de geschiedenis van sociale verbeteringen en democratisering overloopt, zal een balans vinden die sterk in het voordeel van actieve geweldloosheid overhelt. Daarom is het goed dat we liever morgen dan overmorgen geweldloze bewegingen zien groeien in Palestina en Israël, Baskenland, Colombia, Ivoorkust, India, Indonesië, Congo, Soedan, Pakistan en zoveel andere landen. Geweldloosheid is te verkiezen omdat het tot resultaten leidt. Ook om andere redenen primeert geweldloosheid. Bewegingen die kiezen voor geweld om zelfbeschikking te veroveren, gaan bijna noodgedwongen de weg op van de ideologie en militaire logica. Nadien hebben ze de grootste moeite om die gevaarlijke mantel af te werpen en een democratische maatschappij te vestigen. De strijd voor zelfbeschikking is een zaak, de machtsuitoefening is een andere zaak. De zogenaamde revolutionaire regimes bieden geen garantie voor de opbouw van een democratische en tolerante rechtsstaat. Het is wenselijk dat we binnen de kortste keren nieuwe Kings, Gandhi's, Mandela's zien opstaan.

7. TRANSFORMATIE BEVRIJDT

In de Griekse Oudheid hield Heraclitus van Efese een pleidooi voor de eenheid van de werkelijkheid en nam afstand van het onveranderlijke zijn. Alles stroomt, niets blijft, de oorlog is de vader van alle dingen. Martin Luther King trad in het voetspoor van Heraclitus en maakte dankbaar gebruik van de leer der tegenstellingen en het belang van de transformerende werkelijkheid. King las het theologische werk van Reinhold Niebuhr en begreep op welke manier de Verenigde Staten herhaaldelijk een halt toeriepen aan de transformatieve werkelijkheid. Conformiteit wees King af omdat de mens beter hervormd wordt door de vernieuwing van zijn persoonlijke denken en omdat kuddegeestmentaliteit het veranderingsproces van de geschiedenis danig in de war brengt. In het spoor van de eerste christenen hield King rekening met het geleidelijke en creatieve karakter van het historische veranderingsproces en wees op de noodzakelijkheid om een nieuwe wind te laten waaien. De hedendaagse internationale vredesbeweging helpt mee aan het wereldwijde veranderingsproces. Het mostaardzaadje groeit uit tot een krachtige boom.

Teruggang van de transformatie

Heraclitus van Efese geldt als een van de grondleggers van de Griekse filosofie. Geboren omstreeks 540 voor Christus bewandelde Heraclitus eigenzinnige wegen, zodat hij later de bijnaam 'de duistere' kreeg. Zijn latere roem dankt hij aan twee ideeën. In navolging van de Miletische filosofen spreekt Heraclitus van een oerenergie die, als een oervuur, wordt ontstoken en die zich voortbeweegt volgens haar natuurlijke wetmatigheid. De dingen die wij zien, ontstaan op allerlei manieren, maar blijven nooit dezelfde omdat ze uiteindelijk weer verdwijnen. De werkelijkheid is een oervuur waarbij de vlammen eruitzien als objecten, maar in wezen voortdurend veranderende objecten vertegenwoordigen. Niets is, want alles verandert voortdurend. Alles stroomt, niets blijft, de wet van het leven is transformatie of verandering. Vervolgens ontwikkelde Heraclitus een tweede principe. Hij wees erop dat het pad omhoog en het pad omlaag niet twee verschillende paden zijn, maar een en hetzelfde pad vormen. Subjectief gezien zijn de twee paden van een berg natuurlijk verschillend, maar objectief gezien vormen ze een tweeluik in een groter geheel en zijn ze eigenlijk dezelfde paden. Als je tafelgenoot zegt dat de wijnfles halfvol is en jij zegt dat de fles halfleeg is, dan spreek je hem niet tegen. De jonge en de oude Parmenides zijn niet twee verschillende personen, maar één en dezelfde Parmenides. Op die manier beklemtoont Heraclitus de eenheid binnen de werkelijkheid en neemt hij afstand van 'het onveranderlijke zijn' van zijn voorgangers of het beklemtonen van de tweepolige werkelijkheid. In de onophoudelijke transformatieve stroom van de werkelijkheid heeft Heraclitus een wetmatigheid ontdekt: eenheid in veelheid en veelheid in eenheid. Darwin, Spencer, Nietzsche en vooral Hegel zullen later dankbaar gebruikmaken van Heraclitus' leer der tegenstellingen en van zijn geloof in een transformerende werkelijkheid.

In sterke mate werd de teruggang van de transformatie aangetoond door een van de invloedrijkste Amerikaanse theologen van de twintigste eeuw, namelijk Reinhold Niebuhr (1892-1971). Als jong predikant in Detroit werd hij geconfronteerd met de sociale nood van de arbeiders en als protestants theoloog was hij van 1928 tot 1960 verbonden aan het Union Theological Seminary in New York, waar ook Dorothee Sölle in de jaren tachtig doceerde. Aanvankelijk steunde Niebuhr de socialistische partij en het Amerikaanse pacifisme, maar in de jaren dertig kwam de breuk. In zijn basiswerk *Moral Man and Immoral Society* (1932) betoogde Niebuhr dat er geen wezenlijk verschil bestond tussen gewelddadig en geweldloos verzet. De maatschappelijke gevolgen van beide methoden waren eerder gradueel dan soortelijk verschillend en het gevaar voor totalitaire tirannie was evenzeer verbonden met geweldloos verzet als gewelddadig verzet. Als de groepen tegen wie het verzet werd gebruikt een zekere mate van zedelijk bewustzijn bezaten, zoals de strijd van Gandhi tegen de Britten, kon geweldloos verzet tot effectieve resultaten leiden. In het andere geval bleven de resultaten uit.

Martin Luther King bestudeerde Niebuhr tijdens zijn laatste jaar in het theologisch seminarie van Chester, Pennsylvania. King las Niebuhr kritisch, maar onthield ook Niebuhrs bijdrage aan de twintigste-eeuwse theologie. Volgens King gaf Niebuhr een belangrijke correctie aan het schijnbare optimisme van het protestantse liberalisme zonder te vervallen in antirationalisme of in semi-fundamentalisme. Als antropoloog en ethicus had Niebuhr een buitengewoon inzicht in de menselijke aard en de menselijke neiging tot het begaan van kwaad. Via Niebuhr ontdekte King de werkelijkheid van het collectieve kwaad en de fata morgana van een oppervlakkig optimisme inzake de menselijke natuur. Tegelijk gaf King kritiek aan het adres van Niebuhr. In *Stride Toward Freedom* (1958) schreef King: 'Niebuhr beschouwde het pacifisme als een soort van passief-niet-weerstand-bieden aan het kwade door het tot uiting brengen van een naïef vertrouwen in de macht van de naastenliefde. Maar dit was een ernstige dwaling. Mijn studie van Gandhi had er mij van overtuigd dat het ware pacifisme niet betekent het kwade niet weerstaan, maar het kwade geweldloos weerstaan. Tussen die twee stellingen ligt een wereld van verschil. Gandhi weerstond het kwade met evenveel kracht en energie als degene die zich met geweld verweert, maar hij verzette zich met naastenliefde in plaats van haat. Het ware pacifisme is niet de onrealistische onderwerping aan de kwade macht, zoals Niebuhr betoogt, maar een moedige confrontatie met het kwade door de macht van de naastenliefde in de overtuiging dat het beter is geweld te ondergaan dan toe te brengen.' In Boston, waar King zijn doctoraat in de metafysica voorbereidde, werd het duidelijk dat Niebuhr te zeer de nadruk legde op de verdorvenheid van de menselijke aard en dat hij geen oog had voor de genezing door de genade. Na een grondige studie van Niebuhr werd Martin Luther King een realistisch pacifist. Hij schreef in zijn eerste boek: 'Ik was toen van opvatting, en dat ben ik nu nog, dat de pacifist meer weerklank zou vinden als hij niet voorgaf geheel vrij te staan van de morele dilemma's waar de christelijke niet-pacifist zich voor geplaatst ziet.' In Boston begreep King Niebuhr en ging hij op zoek naar de filosofie van Hegel.

Behalve zijn *Moral Man and Immoral Society* (1932) werd Niebuhr ook bekend wegens *The Irony of American History* (1952). Die belangrijke studie was Niebuhrs resultaat van zijn denken over het naoorlogse Amerika en *de teruggang van de transformatie*. Via de ontwikkelingen van het Amerikaanse superioriteitsgevoel en het ontstaan van de Koude Oorlog betoogde Niebuhr dat de Russen en de Amerikanen meer gemeen hadden dan op het eerste gezicht bleek. Onder invloed van Marx beleden de eersten een filosofisch materialisme, terwijl de tweeden, duidelijk onder invloed van John Dewey, een praktisch materialisme volgden. Het grootste probleem van Amerika, zijn superioriteitsgevoel, hield juist een teruggang van de historische transformatie in, doordat Amerika blind werd voor eigen falen en alle realiteitszin daardoor verdrong. Op die manier keerde het goede om tot het kwade, omdat de menselijke hoogmoed altijd regressie of teruggang inhoudt. Zonder zelfkritiek zou Amerika zijn bevoorrechte positie in de wereld verliezen doordat de sluimerende eigendunk een boemerangeffect teweegbrengt. De goddelijke Amerikaanse missie als de grootste ironie in de Amerikaanse geschiedenis werd door Niebuhr in niet mis te verstane woorden geformuleerd en zou later een belangrijke uitgangsgedachte betekenen in het werk van de Amerikaanse denker Richard Rorty.

Vooruitgang van de transformatie

Tussen Martin Luther King en de Amerikaanse auteur James Baldwin bestaat een verwantschap. James Baldwin (1924-1987) schreef zestien boeken over het sociale leven van Afro-Amerikanen en als essayist oogstte hij veel bijval met zijn bestseller *The Fire Next Time* (1963). Het belang van de historische transformatie vormde bij Baldwin de rode draad in veel van zijn essays en novelles. In *The Fire Next Time* schreef hij aan zijn neef over de blanken: 'Het werkelijk verschrikkelijke is, ouwe jongen, dat jij ze moet aanvaarden. En dat meen ik serieus. Jij moet ze met liefde aanvaarden. Want voor deze onschuldige mensen bestaat er geen andere hoop. Ze zitten eigenlijk nog steeds gevangen in een geschiedenis die ze niet kunnen begrijpen. En zolang ze die geschiedenis niet begrijpen, kunnen ze zich er niet van losmaken. Ze hebben jarenlang moeten geloven dat zwarten minder zijn dan blanken. Velen onder hen weten inderdaad wel beter, maar vele mensen vinden het erg moeilijk om te handelen in overeenstemming met wat ze weten. In dit geval is het gevaar, in de geest van de meeste blanke Amerikanen, het verlies van hun identiteit. Maar deze mensen zijn je broeders, je verdwaalde jongere broeders. Als het woord integratie iets te betekenen heeft, dan is het wel dit: dat wij, met liefde, onze broeders dwingen zichzelf te zien zoals ze zijn en niet langer de werkelijkheid te ontvluchten, maar een begin te maken met *de verandering van die werkelijkheid.*'

Aartsbisschop Desmond Mpilo Tutu (1931) treedt vandaag in het voetspoor van James Baldwin en Martin Luther King. In navolging van

Luthuli, Biko en Mandela heeft Tutu meer dan veertig jaar gestreden voor de rechten van het zwarte Zuid-Afrikaanse volk, zonder zijn gevoel voor humor en menselijke waardigheid te verliezen. Als pastor en diplomaat, man van de kerk en man van de maatschappij, is Tutu de onvermoeibare geweldloze activist in een wereld vol geweld. Precies twintig jaar na Martin Luther King ontving Desmond Tutu in 1984 de Nobelprijs voor de vrede. Meer dan welke Afrikaanse leider ook heeft Tutu geijverd voor de transformatie van de Zuid-Afrikaanse en Afrikaanse maatschappij. Toen hij op 7 september 1986 gewijd werd tot aartsbisschop van Kaapstad, sprak Tutu in de St. George's Cathedral over de goddelijke transformatie in het nieuwe Zuid-Afrika. In zijn openingsrede zei hij: 'God roept ons op zijn medewerkers te zijn. Hij wil dat wij toezeggen Hem te steunen als Zijn instrument bij transfiguratie en transformatie. Nooit kunnen degenen die apartheid doorvoeren, zeggen dat apartheid aan het veranderen is. De wereld zal geloven dat het waar is als wij, de slachtoffers van dit boosaardig kwaad, verklaren dat apartheid inderdaad verandert. Als de blanken zo onder de indruk zijn van al die transformaties, waarom zouden zij niet eens van plaats ruilen met de zwarten, voor één dag maar? Daarom hebben wij de regering en de blanke Zuid-Afrikanen dringend verzocht ons te erkennen als menselijke wezens met onvervreemdbare rechten, net zoals blanken die hebben.' (Geen toekomst zonder verzoening, 1999) Uit Tutu's Nobelprijsrede blijkt eens te meer zijn verlangen naar *verandering* door verzoening en vrede: 'Laten wij proberen als vredestichters mee te werken aan de goddelijke opdracht verzoening teweeg te brengen. Als wij verlangen naar vrede, zo is ons gezegd, dan moeten wij ons inzetten voor gerechtigheid. Laten wij dan zwaarden omsmeden tot ploegen.' (Oslo, 1984)

Niet gelijkvormig maar hervormd

Met zijn homilie 'Niet gelijkvormig maar hervormd' ging Martin Luther King in rechtstreekse confrontatie met *de gelijkvormigheid* of kuddegeestmentaliteit van zijn tijdgenoten. King hekelde het zekerheidsgevoel en de conformiteit van de moderne mens, omdat die schijnwaarden het diepmenselijke veranderingsproces vertragen of vernietigen. Conformiteit schaadt transformatie omdat ze de mens doet terugplooien op zijn eigen ik en de band met de ander breekt. Succes, erkenning, bezit, macht en status raden de moderne mens aan om niet te strijden voor een impopulaire zaak en om zijn moraal in overeenstemming te brengen met de massamoraal. Vernieuwende initiatieven zoals werken aan de wereldvrede worden binnen een gelijkvormige moraal gewoon van tafel geveegd. King ging niet akkoord.

In het spoor van Jezus van Nazareth en Paulus deed Martin Luther King een oproep om niet gelijkvormig te worden aan deze wereld, maar hervormd te worden door de vernieuwing van het persoonlijk denken. King waarschuwde voor de welvaartsmaatschappij, het groepsconformisme, de zelfgenoegzaamheid, het individualisme, de vergelding en stelde duidelijk de massamentaliteit in vraag.

Conformiteit zag King niet alleen binnen de maatschappij, maar ook en vooral binnen de Kerk. Met de hand in eigen boezem trok hij van leer tegen de verlokkende gelijkvormigheid en de mateloze onverschilligheid. King sprak krachtig: 'Geroepen om de zedelijke hoedster te zijn van de gemeenschap, heeft de Kerk bijwijlen gehoed wat immoreel is. Geroepen om maatschappelijke misstanden te bestrijden, bleef zij zwijgen achter gebrandschilderde vensters. Ook wij predikanten zijn onder de bekoring gekomen van de verlokkende eredienst aan de gelijkvormigheid. Gevallen voor de successymbolen van deze wereld, hebben wij het eigen succes afgemeten aan de grootte van onze pastorieën. Als revueartiesten zijn we gaan dingen naar de gunst van het publiek, zijn we tegemoetgekomen aan de grillen en verlangens van het volk. Hebben wij, dienaren van Jezus Christus, onze oprechtheid geofferd op het altaar van het eigenbelang en, als een Pilatus, onze overtuiging ondergeschikt gemaakt aan de eisen van de menigte?' (Strength to Love, 1963)

King verkoos een terugkeer naar het oorspronkelijke christendom. De eerste christenen waren immers niet gelijkvormig aan de wereld en weigerden hun getuigenis te schikken naar aardse maatstaven. Deemoedig offerden zij persoonlijke roem en bezit voor de rechtvaardige zaak. Gewillig roeiden zij stroomopwaarts en stelden zij het maatschappelijk handelen sterk in vraag. Hun goed nieuws betekende *een blijvende transformatie* van de toenmalige wereld. Tegelijk sprak King ook over het geleidelijke en geduldige karakter van het veranderingsproces. De nonconformist wordt creatief wanneer hij zijn denken vernieuwt en hij wordt constructief wanneer zijn handelen volledig toegespitst is op zijn vernieuwde visie. Want een hervormer kan een non-conformist zijn die nog niet is vernieuwd, die uit opstandigheid tegen de maatschappelijke misstanden star en kortaangebonden is geworden. Daarom wilde King een innerlijke ommekeer: 'Onze wereld zal niet uit het dreigend gevoel gered worden door het inschikkelijk zich aanpassen van de meerderheid van de gelijkvormigen, maar door het bezielend niet-aangepast-zijn van een minderheid van niet-gelijkvormigen.' (Strength to Love, 1963) In zijn homilie 'Pelgrimstocht naar de geweldloosheid' sprak King eveneens over het evolutieve en geleidelijke karakter van het transformatieproces: 'Ik zou niet graag de indruk wekken dat geweldloosheid van de ene dag op de andere wonderen kan doen. De mensen komen niet zo gemakkelijk los uit hun sleur, en geven ook hun onredelijke gevoelens en vooroordelen niet gauw prijs. Maar de geweldloze aanpak beïnvloedt harten en zielen van haar beoefenaren. Zij schenkt hun nieuw zelfvertrouwen. Zij roept in hen stromen te voorschijn van kracht en moed, die ze niet dachten te bezitten. Uiteindelijk spreekt zij zo sterk tot het geweten van de tegenstander, dat zich de verzoening voltrekt.' (Strength to Love, 1963)

Tegengif voor de angst en levenskracht door transformatie

In Boston bestudeerde Martin Luther King Hegel. Hij las *Phänomenologie des Geistes*, *Philosophie der Weltgeschichte* en *Grundlinien der Philosophie des Rechts*. Met Hegels analyse van het dialectische proces en zijn rationele filosofie, ging King akkoord, maar met Hegels absolute idealisme wist hij geen raad. Toch bewonderde King Hegel enorm, al was het maar wegens het feit dat de realiteit als '*a changing process*' hem duidelijk werd en wegens Hegels afkeer van extremen. Bovendien begreep King nu zijn eigen levenspad beter. King kwam via kritiek op het kapitalisme en het communisme tot een humane levensbeschouwing en kwam via een transcendent en immanent godsbeeld tot een personalistische levensfilosofie. King hield van Hegel, maar werd geen hegeliaan.

Uiteindelijk zou King ieder positief veranderingsproces aanmoedigen omdat hij zich gedragen voelde door een medelijdende Vader die oog heeft voor transformatie. In zijn homilie 'Tegengif voor de angst' sprak King: 'Boven de veelheid van tijden staat de ene, eeuwige God. Zijn grenzeloze liefde bewaart en draagt ons, zoals een machtige oceaan de kleine druppels bewaart en draagt van elke golf. Met bruisende volheid stort Hij naar ons toe in een continue beweging, en vult de kleine baaien en inhammen van onze levens met onbegrensde rijkdommen. Dit is de altijddurende grondtoon van de religie, haar eeuwige antwoord op het raadsel van het bestaan. Alwie die kosmische steun vindt, kan de grote wegen van het leven begaan, vrij van de matheid van het pessimisme en vrij van de last van ziekelijke angsten.' (Strength to Love, 1963)

Aan het einde van zijn studies in Boston kwam Martin Luther King tot een positieve, sociale levensbeschouwing waarbij het geweldloos verzet centraal stond. Kings filosofie van geweldloosheid had als beginpunt agape en als eindpunt verzoening. King stelde zijn engagement, visie, spiritualiteit volledig in het teken van de evolutionaire transformatie die, als inherent gebeuren van de werkelijkheid, de menselijke waardigheid als uitgangspunt heeft en aan de mens toekomst biedt.

De hedendaagse vredesbeweging kan het veranderingsproces in maatschappij en geschiedenis bevorderen op diverse fronten. In haar geweldloos engagement dient de vredesbeweging oog te hebben voor perspectieven die de menselijke waardigheid in een nieuw daglicht stellen. In een geglobaliseerde wereld heeft de internationale vredesbeweging de opdracht om te anticiperen in continenten en via vernieuwende initiatieven mensen daadwerkelijk te helpen. In een geglobaliseerde wereld heeft de internationale vredesbeweging de opdracht om tegenwicht te bieden aan de macht van de economie en steun te geven aan de verandering van sociale wantoestanden. In een snel evoluerende informatiemaatschappij moet zij een tegenstroom van geduld en geleidelijkheid ontwikkelen opdat alle mensen kunnen deelnemen aan het maatschappelijk bestel, om regressie van de transformatie tegen te gaan en om noodzakelijke hervormingen af te dwingen. Daarom heeft de geweldloze activist een vast vertrouwen in de toekomst en door dat vertrouwen kan de geweldloze verzetspleger de afgrond van het bestaan aanvaarden zonder die afgrond te ontvluchten. Want elke vredesactivist gelooft in een creatieve macht die zich inzet voor een universele eenheid. Of zoals King zei: 'Of wij het nu een onbewust proces noemen of een onpersoonlijk Brahma, er bestaat een creatieve kracht in dit heelal die er zich mee bezighoudt de onsamenhangende aspecten van de werkelijkheid in een harmonisch geheel samen te brengen.' (Stride Toward Freedom, 1958)

Jean-Luc Dehaene

licentiaat in de rechten en economie
voormalig eerste minister federale regering België (1992-1999)
burgemeester Vilvoorde
ondervoorzitter Europese Conventie

Leiderschap berust nog steeds op vrede en coherente samenwerking

Het jaar 1968 herinner ik mij nog levendig. Studentenleider Rudi Dutschke wordt op de Berlijnse Kurfürstendamm neergeschoten, oorlog en hongersnood teisteren Biafra, de Warschaupactlanden vallen Tsjechoslovakije binnen en in Amerika wordt Martin Luther King vermoord. Martin Luther King blijft voor mij een charismatische figuur die, als de belangrijkste exponent van de Amerikaanse vernieuwingsbeweging in de jaren zestig, zijn leven gaf voor de transformatie van Amerika. Martin Luther King werkte begeesterend of inspirerend, vergelijkbaar met Gandhi of Camara, en bracht een beweging op gang die

123

haar weerklank vindt tot de dag van vandaag. Bovendien slaagde King erin om zijn boodschap van geweldloosheid krachtig over te brengen bij zowel zwarte als blanke Amerikanen. Charismatisch leiderschap berust op overtuiging en geduld omdat charismatische leiders veelal gewelddadige confrontaties vermijden en alle kansen bieden aan vrede. King is hiervan een prachtig voorbeeld.

In Europa mis ik vandaag charismatische leiders die de Europese eenheidsgedachte verwoorden. Geniale leiders als Schuman, Adenauer, Kohl en Mitterrand voltooiden die eenheidsgedachte. Op een cruciaal moment in de Europese geschiedenis, waarbij onze informatiemaatschappij binnen een geglobaliseerde wereld een definitief gelaat heeft gekregen, hebben wij nood aan sterke Europese leiders. Als wij met één Europese stem spreken, kunnen wij politiek iets betekenen in de wereld. Als de huidige Europese leiders tot een supranationale consensus komen, kan Europa een sterke politieke entiteit worden. Onze Europese christelijke waarden nodigen ons uit om, in het spoor van charismatische leiders, Europa een weloverwogen plaats op de wereldkaart te bieden.

Charismatische leiders brengen niet altijd een positieve dynamiek voort. De Verenigde Staten gelden hier als voorbeeld. Ongefundeerd charismatisch leiderschap kan op die manier een antidynamiek voortbrengen, waardoor het civilisatieproces in het gedrang komt en waardoor de transformatie van de maatschappij een negatieve wending ondergaat. Leiderschap berust nog steeds op vrede en coherente samenwerking, op moed en morele waarden. Ofschoon Martin Luther King geen rechtstreekse politieke ambities koesterde, berustte zijn leiderschap op morele waarden. Zijn geweldloze visie kan je anders niet begrijpen. Ook wij hebben vandaag de opdracht om, zoals Martin Luther King, het gezicht van Europa te transformeren naar een politiek krachtige entiteit en een sociaal rechtvaardige maaschappij.

8. MACHTIG OF GEZAGVOL LEIDERSCHAP

Leiderschap en leiderschap is twee. Meer dan ooit heeft de mens het deterministische leiderschap van het ancien régime vervangen door een transformatief leiderschap, waarbij gezagsdragers trachten te overtuigen in plaats van eenzijdig te bepalen of eerder trachten te vragen in plaats van te bevelen. Politieke leiders ondergingen de invloed van religieuze leiders en omgekeerd. Een profetische leider als Jezus van Nazareth verwierp de deterministische hebzucht, heerszucht, eerzucht en stelde delen, dienstbaarheid, deemoed in de plaats. Als gezagvol leider gebruikte Jezus menselijke, maar ook radicale taal om zijn blijde boodschap kenbaar te maken.

In Jezus' voetspoor trad Martin Luther King. Zijn charismatische taalgebruik werd een profetisch spreken waardoor hij in staat was het Amerikaanse dilemma aan te klagen. Als burgerrechtenleider hield King een pleidooi voor morele macht, die in zich de kiemen van transformatie draagt en die de mens weer perspectieven biedt. Want macht zonder moraal is roekeloos en moraal zonder macht is sentimenteel. De hedendaagse vredesbeweging heeft de opdracht om een leidinggevende rol in onze samenleving te vervullen.

Historisch leiderschap tussen determinisme en transformatie

E pluribus unum (uit velen één) luidt de Amerikaanse nationale leuze. De talrijke Noord-Amerikaanse immigranten zouden door de geschiedenis heen die leuze dagelijks ondervinden. Washington DC dirigeerde de afzonderlijke staten, de taalwetten op Ellis Island waren onverbiddelijk, de Star Spangled Banner klonk euforisch en de Unie diende ontegensprekelijk gered te worden. Eenwording en samensmelting bleken bijna modewoorden. Vervolgens werd eenheid zelfvertrouwen, zelfvertrouwen werd inzet, inzet werd wilskracht, wilskracht werd roekeloosheid, roekeloosheid werd overmoed, en overmoed schaadt, dat wisten de oude Grieken al. De Amerikaanse oorspronkelijke eenheid vloeide over in een gewaagd patriottisme dat steunde op het geloof in 'personal achievement' en 'self-made business'. In de Amerikaanse maatschappij creëerde men een klimaat van verregaande vrijheid dat het individu de kans moest bieden zijn mogelijkheden maximaal te ontplooien en zich op te werken op de sociale ladder. Daartoe waren inzet en zelfvertrouwen, maar ook macht en gezag noodzakelijk. Machtig waren de oorspronkelijke Pilgrim Fathers, de eerste presidenten George Washington en John Adams, de belangrijke denkers Thomas Jefferson en John Quincy Adams, de ondernemers en grootkapitalisten, de Roosevelts en de Kennedy's, de media en de kerken, kortom een groot deel van de Amerikaanse (historische) natie. Macht kwam leiders toe en macht zou onontbeerlijk blijken in de uitbouw van een moderne samenleving. Machtig leiderschap werd op die manier het vermogen van afzonderlijke mensen om een grote massa mensen doelgericht in beweging te brengen en in beweging te houden. Machtig leiderschap steunt de transformatie van de wereld door zelf aan die transformatie mee te werken en grote groepen mensen te inspireren. Toch was dit transformatieve leiderschap pas mogelijk na de historische periode van de Verlichting.

Vanaf de klassieke Oudheid tot de eigen tijd hebben filosofen het individu meestal beschouwd als een pion van hogere machten. Individuen waren afhankelijk van goden, godinnen, ras, natie, de geest van de tijd, de wil van het volk en de geschiedenis zelf. Uiteindelijk kwam die opvatting neer op *historisch determinisme*, omdat de mens een klein radertje werd in een grote machine en omdat de mens weinig kon inbrengen tegenover de hogere krachten. De Russische romanschrijver Tolstoj vroeg zich af waarom in de napoleontische tijd miljoenen Europeanen bereid waren om elkaar te lijf te gaan. In zijn roman *Oorlog en Vrede* gaf hij een antwoord: 'Deze oorlogen moesten plaatshebben, omdat ze plaats moesten hebben. De leiders in die tijd waren etiketten, die een zekere doelgerichtheid suggereerden, maar als etiketten hadden ze natuurlijk bijzonder weinig te maken met de gebeurtenissen zelf. Elke leider is een slaaf van de geschiedenis.' Kortom, Tolstoj geloofde heilig in de historische voorbeschikking van leiders en meende dat elk historisch leiderschap per definitie fatalistisch of deterministisch was. Of het leiderschap nu marxisme heet, waarbij het determinisme van de klasse opduikt, of nazisme, waarbij het fatalistische rassenbewustzijn primeert, Tolstoj bleef bij zijn stelling.

Volgens de Amerikaanse schrijver Arthur Schlesinger vernietigt het deterministische leiderschap de idee van de menselijke vrijheid en verantwoordelijkheid. Individuen kunnen wel degelijk de loop van de geschiedenis beïnvloeden. Wanneer er persoonlijke initiatieven worden ondernomen, die door andere mensen massaal worden gevolgd, kan de menselijke vooruitgang groeien en een wending maken op het pad van de concrete geschiedenis. Echte leiders zetten een beweging in gang door passieve gedachten om te zetten in actieve feiten en op die manier een transformatie van de tijd door te voeren. Bij die historische transformatie zijn twee normen belangrijk: *overtuiging en doelgerichtheid.* Vóór de Verlichting namen historische leiders alle kansen te baat om hun leiderschap vanuit hun persoon of vanuit hun vrijheid te definiëren en te concretiseren. Na de Verlichting kwam er een herdefiniëring van het machtsbeginsel, dat langzaam meer inspraak toeliet. Bovendien kreeg dat nieuwe machtsbeginsel een vervolg in een nieuw gelijkheidsbeginsel, waarbij het leiderschap eerder steunde op overleg en vrije keuze. Juist wegens het democratische uitgangspunt zagen leiders zich gedwongen om in te gaan op de wensen van hun volgelingen en de volgelingen dienden actief mee te werken in het proces van besluitvorming. Leiderschap werd nu afgemeten aan de resultaten en dan zouden de ondemocratische leiders vanzelf aan de kant geschoven worden.

De tweede norm van het transformatieve leiderschap is de doelgerichtheid. Als het leiderschap zich focust op de overheersende rol van een bepaald ras, zoals in Zuid-Afrika, zal dat leiderschap vroeg of laat verdwijnen. Als het echter gaat om de gelijke rechtspositie van de vrouw, de gelijke rechten voor minderheden, de handhaving van de vrije meningsuiting, zal een dergelijk leiderschap wel bijdragen tot de menselijke vooruitgang. Schlesinger beschrijft dit als volgt: 'Menselijke leiders zijn geen halfgoden: ze doen hun schoenen één voor één uit, net als iedereen. Geen enkele leider is onfeilbaar. De werkelijke verdienste van grote leiders bestaat hierin, dat zij ons – gewone mensen – aanmoedigen om onze beste krachten vrij te maken en in daden om te zetten, waarbij dan iedereen de kans krijgt om de eigen waardebepaling na te streven. Grote leiders bevestigen immers de stelling dat de menselijke vrijheid veel vermag, als men het denkbeeld van de historische onvermijdelijkheden achter zich heeft gelaten. Het bewijs, dat we met een werkelijk groot leider te doen hebben, wordt geleverd door het feit dat zij hun volgelingen zelfstandiger maken en hun meer mogelijkheden bieden om die zelfstandigheid tot uitdrukking te brengen. Op die wijze is het mensdom in staat zich te ontworstelen aan een bepaalde lotsbestemming.'

Terugkeer naar de bronnen

Machtig leiderschap bezit een transformatief karakter. Toch is dat slechts gedeeltelijk waar. Want als wij vandaag het woordje 'macht' horen uitspreken, kan er een rood lampje gaan branden. We zijn beducht geworden voor macht omdat een machtig persoon meestal een gevaarlijk iemand is. Macht is afgeleid van het werkwoord vermogen en macht slaat dikwijls om in almacht of alvermogen. In het hedendaagse begrip 'macht' schuilt dus de bijgedachte van machtshonger, machtswellust, willekeur, onrechtvaardigheid, geweld en dictatuur. De voorbije eeuw toonde die machtshonger in al zijn facetten en de eenentwintigste eeuw treedt in hetzelfde voetspoor. Daarbij aansluitend stellen te veel mensen nog steeds hun vertrouwen in een oppermachtige God die het wezen van de geschiedenis soeverein bepaalt en die alle touwtjes in handen heeft. Onbewust en onterecht projecteren sommige mensen hun eigen macht in een machtige God die als een marionettenspeler de mens laat verschijnen of verdwijnen op het menselijke toneel. Bij die godsvoorstelling zijn de problemen niet te overzien. Wat doet God immers bij een aardbeving, bij een handicap, bij oorlogen of bij geweld in de wereld? Is pure almacht dan geen verkeerd begrip? De theoloog Jürgen Moltmann stelde dat goddelijke macht, zoals menselijke macht, gekoppeld is aan een goed doel en een goede begrenzing van die macht. Opletten dus met het woordje macht.

In het oudste evangelie lezen we dat Jezus van Nazareth 'een nieuwe leer met gezag bracht' (Mc 1,27). Jezus stelde tegenover de machtspraktijk van zijn tijd de onbaatzuchtige naastenliefde. De vermogende kracht van de macht, die zonder doel gericht is op 'het mij', keerde hij om naar de intermenselijke kracht van het gezag, dat verwijst naar 'zeggen en dialogeren'. Jezus' gezagvolle boodschap komen we snel op het spoor. Zijn nieuwe leer met gezag betrof *een menselijke taal* die iedereen begreep. Hij sprak een taal die direct in verbinding stond met de dagelijkse werkelijkheid en die in het verlengde lag van de menselijke ervaring. Jezus sprak duidelijke en begrijpelijke taal waarvoor geen kennis of studie vereist waren. Hij sprak directe, onthullende taal die de mens aansprak in zijn hart. Zijn onthullende taal was origineel, dus direct verwijzend naar de origine of de bron van het leven, namelijk de Vader naar wiens beeld ieder mens gemaakt is. In de parabels komen we die menselijke taal op het spoor. Wanneer Jezus bijvoorbeeld het verhaal van de Verloren Zoon vertelde, hadden de toehoorders geen moeilijkheden om Jezus' onthullende taal te begrijpen. Bovendien gebruikte Jezus herkenbare waarheden waardoor de verstaanbaarheid van de menselijke taal nog werd aangescherpt. De vrijheid van de verloren jongste zoon was dan ook begrijpbaar, omdat in Palestina jonge mannen geregeld van huis weggingen uit drang naar avontuur, in geval van hongersnood of oorlogen. Vervolgens sprak Jezus ook *natuurlijke taal*. In zijn omgang met de toenmalige inwoners van Palestina en omstreken had hij het voortdurend over akkers, wijngaarden, herders, zaad, de korenmaat, water, wind, de vogels in de lucht of de lelies op het veld. De werkelijkheid vormde zijn uitgangspunt om een hoopvolle boodschap aan ieder van goede wil over te brengen. Het dagelijkse leven bevatte voor Jezus de diepste werkelijkheid en graag was hij dan ook bereid om dit leven als uitgangspunt van zijn verkondiging te nemen. De natuur, het werk van de ambachtslui, het mostaardzaadje als onmisbare schakel in de opbouw van het Rijk Gods, maar ook de parelkoopman en de ongeneeslijke vrouw stonden centraal in Jezus' getuigenis.

Via het personage van de ongeneeslijke vrouw komen we bij een volgend kenmerk van Jezus' gezagvol spreken, namelijk zijn *dialogerende taal*. Vanuit grote eerbied deed Jezus een beroep op het eigen inzicht van zijn toehoorders en overdonderde hen nooit met argeloze argumenten. Hij stelde ze wel voor de vrije keuze en vroeg ze ook om een standpunt in te nemen. In het verhaal van de overspelige vrouw liet hij iedereen zelf beslissen wat hij meende te moeten doen en in het verhaal van de misdadige wijnbouwers kwamen de toehoorders vrij snel tot het inzicht dat zij figureerden in het verhaal. Via zijn uitnodigende en gezagvolle taal confronteerde Jezus de mensen met zichzelf en liet hij ieder zelf beslissen hoe het nu verder moest. Zijn dialogerende taal sloeg ook op de omgang met zovele mensen. Jezus schuwde de Romeinen niet, hij begaf zich naar Decapolis, genas ongelovigen en nam het op voor andere culturen. De Romeinse honderdman werd door Jezus geprezen wegens zijn geloof en de Syro-Fenicische vrouw vond gehoor bij Hem. Deze dialogerende taal was eigenlijk ook een *profetische taal* omdat Jezus sprak en handelde vanuit zijn diepste godservaring en omdat hij die ervaring wilde delen met Zijn medemensen. Jezus was geen exegeet in strikte zin, hij was een existentiële exegeet. Als een profeet werd Jezus door de mensen herkend en als een profeet wist Hij zelfs, door de ongekende onmiddellijkheid van zijn boodschap, dit profetisch bewustzijn te overstijgen. De vroegere profeten spraken immers altijd de woorden van Jahwe uit, maar Jezus zei steeds 'Ik zeg u'. Ten slotte sprak Hij ook *radicale taal*. Zijn scherpe taal stond in directe verbinding met zijn radicale boodschap van navolging. Een man die een toren wilde bouwen en niet eerst de kosten berekende, kreeg een les en de koning die een oorlog wilde ontketenen maar de kracht van de vijand niet kende, kreeg eveneens een les. Wie de rechterhand aan de ploeg sloeg, moest niet achterom kijken en wie Jezus wilde volgen, moest niet eerst zijn vader begraven. Jezus wilde geen jonge wijn in oude zakken. Het ging hem om de mens omdat het hem om God ging en hij liet zich inspireren door zijn diepste godservaring omdat hij de wereld wilde humaniseren.

Jezus' gezagvol spreken bevatte een veranderende kracht. Als historische leider achtte Jezus het zijn taak om Gods manier van denken en doen duidelijk te maken aan de mensen. Samen met zijn twaalf volgelingen gaf Jezus een nieuwe interpretatie aan het gezag en de macht. Want de grootste heer is niet hij die zijn macht uitstraalt over de anderen, maar wel hij die zijn gezag gebruikt in dienst van de anderen. Zo worden de eersten de laatsten en de laatsten de eersten. De leerlingen zouden die woorden nooit vergeten.

Een waakzame geest en een teder hart

Het historische leiderschap van Martin Luther King stond in directe verbinding met een gezagvol en transformatief basisbeginsel. King wordt nog steeds de belangrijkste spreker van de Verenigde Staten genoemd en die bekendheid komt wellicht voort uit zijn *krachtig en charismatisch taalgebruik*. Als predikant sprak King vurig, met verrassingen in de intonatie en uitspraak, met passie en directheid, met veel aandacht voor het ritme en de respons. Dankzij zijn diepe baritonstem ontroerde hij mensen. Hij hield honderden publieke toespraken en had een groot geloof in de werking van het woord als strijdmiddel voor een nieuwe maatschappij. Zijn populairste toespraak was 'I have a dream' en zijn geliefdste 'The Three Dimensions of a Complete Life'. Als spreker sloot King aan bij de verhalende en religieuze zwarte traditie van de baptisten. Hij had oog voor de herhalende retoriek en verloor nooit het vertrouwen in zijn diepe bariton. Hij sprak rustig, en dan weer onrustig, bouwde een climax op en liet zich louteren door de spirituele ruimte waarin hij zich bevond. Toch was er meer. Kings gezagvol spreken berustte evenzeer op *metaforisch taalgebruik*. King hield van beelden en metaforen, omdat hij daardoor de toehoorders kon boeien en aangenaam verrassen. Tijdens een dankviering gebruikte hij Paulus' eerste brief aan de Korintiërs: 'Toen ik klein was, sprak ik als een kind, dacht ik als een kind, redeneerde ik als een kind. Toen ik een man werd, gaf ik mijn kinderlijke eenvoud op.' (Strength to Love, 1963) Onmiddellijk kreeg King applaus, want de luisteraars hadden de boodschap begrepen. De Montgomerybusboycot betekende een einde van de angst, de apathie, het onvermogen en de berusting. Via Kings metaforisch taalgebruik en gezagvol spreken kon de zwarte bevolking haar identiteit verder ontwikkelen, want angst maakte nu plaats voor vastberadenheid en naïviteit voor volwassenheid.

Kings gezagvolle spreken was *profetisch spreken*. In de preek 'Een waakzame geest in een teder hart' komen we Kings profetisch spreken op het spoor. In navolging van Jezus wilde King een vaste geest verenigen met een zacht hart of het scherpzinnige van de slang met het zachte karakter van de duif. Een profeet met een waakzame geest is vurig, scherp, dringt door alles heen, onthult waarheden en schijnwaarheden, onderscheidt echt van onecht, durft verborgen agenda's te openbaren, bekeert en berispt, waarschuwt en stelt in vraag. Een profeet met een waakzame geest is nooit lichtgelovig of angstig, maar hij probeert – trouw aan zijn roeping – mensen van de dwaalweg naar de levensweg van het geluk te brengen. Als gids spoort hij aan en gaat voorop. Maar een profeet heeft nog een tweede opdracht. Waakzaamheid van geest zonder tederheid van hart is koud. De harden van hart vinden we in het evangelie terug. Het is de rijke graankoning die grotere schuren wil bouwen of het is de rijke jongeling die onthutst heengaat wanneer Jezus hem vraagt om te delen. Daarom is een synthese tussen bekering en bemoediging noodzakelijk. King schreef: 'Als iemand de eigenschappen bezit van de slangen en niet die van de duiven, houdt dat in dat hij zal leven zonder iets te laten betrekken, namelijk laag en zelfzuchtig. Bezit hij de eigenschappen van de duif en niet die van de slang, dan zal hij al te teergevoelig zijn, bloedarm en zonder doel. Het komt erop aan, dat wij uitgesproken tegenstellingen in ons verenigen. Immers, Gods geest kent geen verslapping, Zijn hart kent geen verharding. Door wijsheid en sterkte van geest reikt Hij boven de wereld uit; door de liefde van Zijn hart wil Hij zelf in haar leven.' (Strength to Love, 1963)

Onze God is machtig

Het gezagvolle spreken van Martin Luther King vinden we duidelijk terug in zijn homilie 'Onze God is machtig'. In die getuigende prediking heeft King het over enkele wegwijzers die gestalte geven aan Gods liefdevolle heerschappij. In het heelal ontdekt de mens dat de door mensen gemaakte voertuigen, in vergelijking met het door God geschapen zonnestelsel, zich maar amper lijken te verplaatsen. Met een snelheid van 1800 kilometer per uur, of 43.200 kilometer per etmaal, wentelt de aarde eenmaal per jaar om de zon en legt daarbij 930 miljoen kilometer af. Het onbegrensde heelal en de interstellaire afstanden doen de mens even wankelen en belijden dat er meer is dan menselijke macht. Naast het fysische heelal toont ook de concrete menselijke geschiedenis de sporen van Gods almacht. Op een bepaald moment vielen de machtige koloniale rijken in Azië en Afrika als kaartenhuizen in elkaar en ontstonden er nieuwe en onafhankelijke staten. Plots herwon de Afro-Amerikaanse bevolking haar kracht om, via een geweldloze strijd, het Amerikaanse naoorlogse racisme te transformeren naar een gelijkwaardige samenleving. Terecht schreef King: 'Grote veranderingen zijn niet alleen het gevolg van politiek-sociale noodzakelijkheden. Ze tonen de vergankelijkheid van systemen, geboren uit onrecht, gevoed in ongelijkheid en grootgebracht in uitbuiting. Wanneer toekomstige mensen zullen terugblikken op de woelige dagen van opgekropte spanning die wij doormaken, zullen zij daarin, zolang de geschiedenis duurt, God zien. Hij heeft gewerkt door middel van mensen die oprecht geloofden dat geen volk half slaaf, half vrij kan voortbestaan.' (Where Do We Go From Here: Chaos or Community?, 1967) Ten slotte openbaart Gods almacht zich in het innerlijke houvast dat de mens precies ontvangt van God. Net zoals God schonk Jezus aan zijn leerlingen innerlijk evenwicht om rustig stand te houden te midden van beproevingen. Dit gezagvolle evenwicht, dat steeds verwijst naar een overvloedig altruïsme, herstelt mensen en structuren opdat de immanente transformatie van de maatschappij kan worden voltooid. Gezagvol sprak King: 'Wij moeten beseffen dat God macht bezit. Als wij wankelen onder de snijdende winden van tegenspoed, als wij gehavend zijn door wervelstormen van verijdelde verwachtingen, als wij door onze zonde afdwalen naar het een of andere verre land van verderf en geen raad weten met het wonderlijke heimwee dat we in ons voelen, dan hebben we er behoefte aan te weten dat er Iemand is die van ons houdt en ons opnieuw een kans wil geven.' (Where Do We Go From Here: Chaos or Community?, 1967)

Black Power

Zoals gebruikelijk bij historische fenomenen ontstond de Black Power-beweging erg geleidelijk. Enkele Amerikaanse historici verwijzen naar 1963, het cruciale jaar van Kings overwinning in Birmingham en de massademonstratie in Washington DC, maar anderen houden het bij de aanvaarding van de Voting Rights Act in 1965. De voetmarsen van Selma betekenden een strategisch keerpunt in de geweldloze beweging onder leiding van Martin Luther King. Werden de jaren 1955-1965 nog gekenmerkt als een politiek-sociale strijd voor burgerrechten, dan zouden de jaren 1965-1968 eerder gericht zijn op economische en maatschappelijke vooruitgang voor de Afro-Amerikaanse gemeenschap. King begreep heel goed op welke manier de economie de politiek bepaalde, omdat de strijd voor gelijke rechten aansluiting vond bij de strijd tegen armoede, slechte huisvesting, analfabetisme, werkloosheid, lage scholing en Vietnam. Meermaals verklaarde hij: 'Wat hebben wij eraan als wij met blanken hamburgers mogen eten wanneer we die hamburgers niet kunnen betalen?' (Stride Toward Freedom, 1958)

Midden jaren zestig polariseerde Amerika. De hoge verwachtingen van King, die slechts via geduld konden worden ingelost, wekten argwaan bij een groot deel van de zwarte gemeenschap. Kings geweldloze strijd leek een utopie, aangezien de alledaagse werkelijkheid een armoedige zijde vertoonde. Bovendien leek de geweldloze strijd een typisch fenomeen in het Zuiden, bondig geformuleerd een strijd om gelijke rechten tussen brute zuiderse blanken en hunkerende zwarten. De Afro-Amerikaanse noorderlingen keurden die focus op het Zuiden helemaal niet goed omdat de noordelijke getto's met talrijke andere problemen geconfronteerd werden. Op het gebied van de dagelijkse leef- en woonomstandigheden was de noordelijke segregatie minstens even sterk als die in het Zuiden en op het gebied van maatschappelijke discriminatie behaalden de noordelijke steden hoge cijfers. De verwachtingen van Selma schiepen een revolutionair klimaat dat vroeg of laat zou exploderen. Los Angeles ontketende gewelddadig, daarna volgden Watts, New York City en Chicago. De bewoners van de getto's stroomden naar de winkelstraten, begonnen ruiten in te slaan, plunderden, stichtten brand, en vielen blanke stadsbewoners aan. Amerikaanse politici zochten ijverig naar de wortels van de gewelddadige revolutie en uiteindelijk werd een rapport vrijgegeven: 'Het blanke racisme is uiteindelijk verantwoordelijk voor de explosieve stoffen die sinds het einde van de Tweede Wereldoorlog in onze steden zijn opgehoopt. Discriminatie op alle gebieden en apartheid in de werkgelegenheid, het onderwijs en de huisvesting hebben tot gevolg gehad dat de zwarte bevolking blijvend is uitgesloten van de zegeningen van de economische vooruitgang.'

Frustraties wegens het uitblijven van directe veranderingen effenden bij jonge Afro-Amerikanen het pad om te kiezen voor radicalisering. Om de betekenis van Black Power goed te begrijpen, moeten we terug naar het jaar 1966. James Meredith, de eerste zwarte student aan de universiteit van Mississippi, stond in de zomer van 1966 opnieuw in de belangstelling door als enkeling een protestmars te houden in de staat Mississippi. Tijdens die tocht werd hij vanuit een hinderlaag neergeschoten en de eerste berichten meldden zijn dood. Geschokt door dit zoveelste bewijs van blanke brutaliteit besloot Martin Luther King om de protestmars van Meredith gezamenlijk voort te zetten. Nu ging het niet meer om een eenzame activist, nu stroomden in korte tijd 1500 geweldloze wandelaars toe om, gedurende drie weken en begeleid door de media, een mars te houden in Mississippi. Meredith stond plots niet meer in het centrum, ook King niet, maar wel een nieuwkomer bij de Afro-Amerikaanse gemeenschap, Stokely Carmichael. Op 16 juni 1966 klom Carmichael in Greenwood op het podium en schreeuwde het uit: 'Wat hebben wij nodig? Black Power! Wat willen jullie? Black Power!' Verwijzend naar de titel van een boek van de zwarte schrijver Richard Wright, lanceerden Carmichael en zijn kompanen een slogan die onmiddellijk insloeg bij de zwarte gemeenschap en die in de komende jaren een enorme weerklank zou vinden. Amerika-deskundige Schulte Nordholt schreef: 'Het was alsof met die twee woorden een elektrische stroom door de gehele zwarte bevolking werd gevoerd, alsof eindelijk het bevrijdend woord was gesproken dat richting en doel gaf aan jaren van hunkering. De implicaties van trots en geweld in die woorden spraken de massa aan en het hielp niet om de radicalisering in te tomen.' (In de schaduw van een groot licht, 1971) Martin Luther King heeft zich altijd verzet tegen Black Power. Hij noemde Black Power *een kreet van teleurstelling* omdat hij geboren werd uit vertwijfeling en moedeloosheid. Midden jaren zestig waren veel Afro-Amerikanen teleurgesteld in de gematigde blanken, de federale regering, de blanke wetgevers, de christelijke kerken, de zwarte kerken, de zwarte middenstand, de geleidelijke hervormingsbeweging van King en de versnippering binnen de Civil Rights Movement. King noemde Black Power 'een nihilistische filosofie' die ontstond uit onmacht en frustraties en die niet meehielp aan de transformatie van de maatschappij. Wanneer hoop wanhoop wordt en wanneer dromen niets meer dan utopieën blijken, ontstaat haat. Met klem hechtte Black Power geen geloof aan de multiraciale maatschappij door zwart nationalisme aan te moedigen. Black Power stimuleerde de radicale studentenbeweging SNCC vanaf 1967, de Black Panthers uit Oakland vanaf 1966, de ommekeer bij CORE onder leiding van Floyd McKissick, de Black Muslims van Elijah Mohammed en Malcolm X. De ommekeer van altruïstisch gezag naar gewetenloze macht werd ingezet en betekende een prangend probleem voor Martin Luther King. In zijn laatste boek verwees King naar Black Power: 'Macht en moraal dienen samen te gaan, elkaar aanvullend, waarmakend en veredelend. Bij het najagen van macht kan ik niet voorbijgaan aan de zorg voor de moraal. Ik weiger me door machtskwesties in de hoek van het macchiavellistische cynisme te laten drijven. Macht op haar best is het juiste gebruik van kracht. Streven we naar macht omwille van de macht? Of streven we ernaar om van de wereld en ons land betere plaatsen te maken om te leven? Als we het laatste nastreven, kan geweld ons nooit tot antwoord dienen. De uiteindelijke zwakheid van geweld is dat het een kettingreactie vormt en juist de dingen oproept die het zoekt te vernietigen. In plaats van het kwaad te verminderen, wordt het erdoor vermenigvuldigd. Met geweld kan men wellicht de leugenaar vermoorden, maar niet de leugen. Met geweld kan men wellicht degene die haat vermoorden, maar niet de haat. Duisternis kan de duisternis niet uitbannen, alleen het licht kan dat. Haat kan de haat niet uitbannen, alleen de liefde kan dat.' (Where Do We Go From Here: Chaos or Community?, 1967)

Aan de overzijde van kapitalisme en communisme

Als gezagvol burgerrechtenleider werd Martin Luther King meermaals beschouwd als een verderfelijke communist. Onder leiding van FBI-frontman John Edgar Hoover en senator Joe McCarthy trachtten de Amerikaanse overheden, incluis Robert F. Kennedy, jarenlang Kings levenswandel na te gaan en hem in de communistische hoek te duwen. In dat verband onderzocht King-deskundige David Garrow de zogenaamde FBI-files en kwam tot ontluisterende resultaten. King had contacten met communistische sympathisanten, maar King was geen communist. Zijn leven en nagelaten geschriften bewijzen dat. In zijn homilie 'Hoe dient een christen het communisme te zien?' maakte King brandhout van het communisme en het kapitalisme. Wegens het materialistische uitgangspunt, waarbij de mens zichzelf kan verlossen zonder hulp van een transcendente macht, wees King het communisme resoluut af. In de materialistisch-humanistische visie wordt God 'een verdichtsel van de verbeelding' en een uitvinding van de machthebbers om de massa te controleren. Tegenover dit atheïstische materialisme stelde King het christendom als *een godsdienstig idealisme*. De mens kan zichzelf niet verlossen, want de mens is niet de maat van alle dingen en de mensheid is niet gelijk aan God. De mens is gebonden aan zijn zonde, zijn eindigheid en heeft zodoende een reddende Vader nodig. Vervolgens stelde King het ethisch relativisme bij het communisme sterk in vraag. Leugens, geweld, moord werden beschouwd als te rechtvaardigen middelen om het doel van een klasseloze samenleving te bereiken. Daartegenover stelde het christendom zijn absolute ethische waarden die onveranderlijk zijn en de norm vormen voor alle menselijke daden. Destructieve middelen zullen nooit een constructief doel voortbrengen omdat 'in het middel het doel in ontwikkeling aanwezig is'. (Strength to Love, 1963) Ten slotte veroordeelde King het staatsmonopolie en de onvrijheid binnen de (toenmalige) communistische leer. Onder het communisme lag de ziel van de individuele mens in de ketenen van eenvormigheid en partijhorigheid. Zodoende werd de mens beroofd van wat hem juist tot mens maakt, namelijk zijn vrijheid.

Het kapitalisme moest het eveneens ontgelden bij King. De kloof tussen overvloedige rijkdom en bittere armoede en het mateloze individualisme klaagde King veelvuldig aan. Hij verweet het kapitalisme zijn praktisch materialisme, dat even kwaadaardig zou zijn als het theoretische materialisme van de communistische leer. Op het gebied van onderwijs, huisvesting en werkgelegenheid hekelde King de kapitalistische bureaucratisering en zelfgenoegzaamheid. Telkens opnieuw en in dezelfde stijl sprak King: 'De waarheid wordt noch bij het traditionele kapitalisme, noch bij het klassieke communisme gevonden. Elk vertegenwoordigt een deel van de waarheid. Het kapitalisme heeft geen oog voor de waarheid van het collectivisme en het communisme heeft geen oog voor de waarheid van het individualisme. Het kapitalisme heeft geen oog voor het leven als sociaal verschijnsel en het communisme heeft geen oog voor het leven als persoonlijk verschijnsel. De goede en rechtvaardige samenleving is noch de these van het kapitalisme, noch de antithese van het communisme, maar *een democratie met sociaal bewustzijn*, die de waarheden van individualisme en collectivisme met elkaar verzoent.' (Strength to Love, 1963)

Machtig of gezagvol leiderschap: de moedige keuze van Martin Luther King

Volgens Martin Luther King is *morele macht* eigenlijk gelijk aan gezag. Morele macht is niet alleen macht die sociale, politieke en economische hervormingen doorvoert, maar ook macht die naastenliefde en gerechtigheid niet naast zich neerlegt. Morele macht is verlossend en tracht maatschappelijke wantoestanden om te buigen. Morele macht werkt aan de solidaire maatschappij en baseert zich op de solidaire samenleving. Morele machtsdragers beseffen dat macht zonder liefde roekeloos is en dat liefde zonder macht sentimenteel blijft omdat beide begrippen elkaar positief aanvullen.

De internationale vredesbeweging heeft zeker aandacht voor het gebruik van morele macht. Politieke contacten met beleidsmensen, evaluaties van beleidsbeslissingen, indirecte of directe deelname aan beleidsopties, uitbouw van een communicatienetwerk met beleidsmensen vormen een belangrijke schakel in de werking van een hedendaagse vredesbeweging. Daarnaast biedt het stimuleren van academisch onderzoek ook perspectieven. De samenwerking met hogescholen en universiteiten kan resulteren in gezamenlijke expertise en publicaties, waardoor de bekendheid van de vredesbeweging wordt versterkt. De samenwerkingsmogelijkheden met binnenlandse en buitenlandse socio-culturele organisaties sluit hier nauw bij aan.

In het voetspoor van Jezus en Martin Luther King kan de vredes-beweging een zichtbaar spoor trekken in de huidige geschiedenis. Gezagvol leiderschap of morele macht vormt het koren en autoritair leiderschap of immorele macht het kaf. Of zoals King opmerkte: 'Wij moeten opnieuw de geest van de jonge Kerk ontvangen. Waar is nu die vurige gloed? Waar is die dappere, bergenverzettende toewijding aan Christus? Schuilgegaan achter wierooknevels en altaren? Bedolven in een graf? Of ligt zij, onontwarbaar gebonden door tal van zwijgend aan-vaarde wantoestanden, gevangen in kerkers van bedorven zeden?' (Where Do We Go From Here: Chaos or Community?, 1967)

Vera Dua

doctor in de landbouwwetenschappen
voormalig Vlaams minister Leefmilieu
partijvoorzitter Groen!

Burgerrechtenbewegingen maken wereldwijd enorme indruk

Bij Martin Luther King denk ik aan de aangrijpende beelden die altijd
in mijn herinnering zullen blijven: beelden van de mars op Washington
in 1963, beelden van de eerste geweldloze acties naar aanleiding van de
busboycot. Wat op mij veel indruk maakte, was de grote waardigheid
van het protest van die mensen. Het onrecht waartegen ze protesteer-
den, was zo immens. Voor de gevestigde orde in het begin van de jaren
vijftig was de segregatie blijkbaar een 'normale' zaak. De massale geweldloze acties van zoveel mensen daagden net door hun 'ongrijpbaarheid'
die normaliteit frontaal uit. Ze gaven aan duizenden mensen de kans
om met opgeheven hoofd en grote innerlijke kracht de basis te leggen

voor een andere normaliteit. Wereldwijd heeft de Amerikaanse burger-rechtenbeweging enorme indruk gemaakt. Ik ben er nog altijd trots op deel uit te maken van een geschiedenis van mensen die zich niet neer-leggen bij wat verondersteld wordt 'normaal' te zijn.

Martin Luther King heeft gekozen voor een strategie van geweld-loosheid en directe actie. Het is een strategie die voor een deel buiten de verwachte kaders van actie-reactie valt. Het is een strategie van geduld. Het is een strategie van de verbeelding. Ik denk nu aan een zin uit een liedje van Joan Baez: 'Tender as a lotus, but tougher than stone.' Het is duidelijk dat King diepgaand beïnvloed was door Gandhi.

Martin Luther King is waarschijnlijk voor mensen van vandaag in veel opzichten een man van vroeger geworden. Zijn leiderschaps- en spreekstijl zouden vandaag door velen als voorbijgestreefd ervaren wor-den. Misschien is daar ook een goede kant aan. De emancipatie van individuen en groepen in de samenleving, waar de vorige generaties zo voor gestreden hebben, is voor jonge mensen ondertussen een normale zaak geworden. Toch ben ik nog steeds geëmotioneerd als ik de beelden zie van King die zijn droomrede uitspreekt. Het is geen heimwee, maar misschien wel een stil verzet tegen een tijd van oprukkend cynisme. Ik vraag me soms af welke woorden en welke media King zou kiezen als hij nu leefde.

Andere tijden, andere vormen van engagement. Engagement, actie en zelfs massale acties, het zijn geen dingen van vroeger. Ze zijn er nog steeds. Misschien is het wel nodig dat we het beeld van een langdurige massale actie rond één thema en met één actiemiddel bijsturen. Enga-gement doet zich voor in oneindig veel vormen, met veel verschillende middelen en op veel plaatsen tegelijk. Het is niet goed om met de ogen van veertig jaar geleden naar het engagement van vandaag te kijken. Het is wel goed om de verbeelding te blijven zien en te blijven zoeken. In een wereld waarin alleen het marktdenken voor velen nog als 'nor-maal' wordt ervaren, is het verzet dat in de verbeelding zit een vorm van waardigheid die onmisbaar is.

9. GEMEENSCHAPPELIJKE HERVORMINGSSTRIJD

Tijdens zijn studententijd schreef Martin Luther King enkele belangrijke papers over de Franse katholieke filosoof Jacques Maritain (1882-1973). Als verdediger van een personalistische mens- en maatschappijvisie, waarbij het gemeenschappelijke streven naar menselijke waardigheid en vrijheid centraal stond, gaf Maritain een knipoog naar King. Laatstgenoemde stelde zijn hervormingsstrijd in het teken van Amos' maatschappelijke strijd en profetisch bewustzijn. Amos prees de kracht van de gemeenschap en King steunde die visie. Als de belangrijkste leider van de Amerikaanse Civil Rights Movement en een vurig aanhanger van Gandhi's pacifisme, verving King een beperkt altruïsme door een verregaand altruïsme. King schonk alle aandacht aan sociale hervormingen en was in staat om een gemeenschap te mobiliseren, kanaliseren en galvaniseren.

Vandaag inspireert Martin Luther King de rockgroep U2 en de internationale vredesbeweging die met de gemeenschap en voor de gemeenschap inspanningen levert opdat een betere wereld zou ontstaan. Want de dag van morgen is de dag van vandaag.

Vlaggen en vaandeldragers

Een stel gevorderde veertigers uit Ierland eist nog steeds de titel van belangrijkste rockgroep ter wereld op. Na hun interne crisis in de jaren negentig en hun verrassende *All That You Can't Leave Behind* bracht U2 in 2004 de elfde studioplaat *How To Dismantle An Atomic Bomb* uit. Volgens insiders keert de groep terug naar haar roots en doen de groepsleden er alles aan om hun wereldstatus te (her)bevestigen. Met een directe verwijzing naar zijn vader, Bob Hewson, koos Bono eerder voor een persoonlijk dan een politiek album. Bob Hewson kwam uit Noord-Dublin, leefde als een *working class hero*, luisterde graag naar opera en was bijzonder cynisch over de wereld. Bono nam het cynisme van zijn vader over, maar bleef ook geboeid door grote ideeën. Dromen omzetten in werkelijkheid en het lot van de wereldgemeenschap verbeteren, bleek het levenscredo van Bono. In het najaar van 1976 hing Larry Mullen jr. een advertentie uit op het schoolprikbord van Mount Temple in Dublin. Adam Clayton, een hippe bassist, Dave Evans, met zijn zelfgemaakte gitaar, en Paul Hewson, die geen gitaar had, reageerden op het bericht en spoedig ontstond een band met de naam 'Feedback'. Na 'Feedback' kwam 'The Hype' en daarna stelde een goede vriend de naam 'U2' voor, omdat iedereen het Amerikaanse spionagevliegtuig kende en wegens de duidelijke symboliek. U2 keerde zich tegen de navelstaarderij van de moderne maatschappij en koos resoluut voor de mondiale verbondenheid die zo eigen was aan het Keltische Ierland. Paul McGuinness werd hun vaste manager en het eerste grote contract kwam er in 1979 bij Island Records. De eerste songs van U2 vertolkten meteen de existentiële vragen van de groepsleden en de beantwoording van die vragen via hun christelijk geloof. De vroege dood van Bono's en Larry's moeder werd een traumatische ervaring voor de hele groep en een (bijna) verplichting om dat trauma te verwerken via muziek. Religie en politiek zouden de fundamenten worden van U2.

Spiritualiteit zit verweven in de teksten van U2. De vier groepsleden zijn jarenlang lid geweest van een christelijke bezinningsgroep waarin bijbelstudie centraal stond. Bij het verschijnen van *October* verklaarde Bono dat hij het rockbestaan niet kon verzoenen met zijn christelijke geloof. In een interview zei hij: 'Bij rock draait alles rond het ik en dat is iets helemaal anders dan het zaad dat moet sterven om vrucht voort te brengen. Wij willen de rockmythe doorprikken. Je bent toch geen rebel, omdat je een veiligheidsspeld in je neus steekt of omdat je je schedel kaal laat scheren. Rijke rocksterren moeten anderen geen levenswijze opdringen. Alles wat ik schrijf, komt uit mijn bijbelstudie voort. Ik ben gefascineerd door de psalmdichter David. Hij daagt God uit, maar zijn geloof wankelt niet.' Religie, spiritualiteit en politiek groeiden uit tot de basiscomponenten van U2 en hun muziek werd de vertolking van een gemeenschappelijke en diepmenselijke ervaring. Na het intimistische *Boy* en het nostalgische *October* zou hun derde album *War* een internationale doorbraak betekenen. Grote optredens en enorme persbelangstelling werden dagelijkse kost. Tot vervelens toe benadrukte Bono dat het nummer 'Sunday Bloody Sunday' niet agressief bedoeld was en hij toonde daarbij een witte vlag als symbool voor vrede en anti-nationalisme. Bono had genoeg van de Ierse vlag, de Britse Union Jack of de Amerikaanse Stars and Stripes. Hij droeg *een witte vlag*. U2 triomfeerde in de jaren tachtig van de vorige eeuw. *The Unforgettable Fire* werd een ode aan Martin Luther King; *The Joshua Tree* ontving lovende kritieken; *Rattle and Hum* ging op zoek naar de Afro-Amerikaanse wortels van de rockmuziek en het obscure *Achtung Baby* kondigde nieuwe projecten aan. Volhardend en zonder scrupules werd Bono een vredesactivist die Amnesty International, het wereldaidsprobleem, de nucleaire dreiging, de groeiende onverdraagzaamheid, de politieke willekeur en het geweld onder de armen nam en op zoek ging naar oplossingen. Volgens Bono had revolutie alles te maken met het afgooien van onderdrukking, of dat nu een koning, de kerk, de regering, het communisme of het kapitalisme zou zijn. Als frontman van de actie Jubilee sprak Bono in 2000: 'Toen Clinton die toespraak in de Wereldbank hield en impliciet zei dat het immoreel was om van een mens te verlangen dat hij oude schulden aflost in plaats van zijn stervende kinderen te voeden, is alles veranderd. Dat was een belangrijk moment. Het gaf de andere politici het besef dat zij ook iets moesten doen. Samen met mijn vrouw ben ik in Ethiopië geweest en heb nog steeds een gevoel van verbondenheid met die mensen. Drie hongersnoodrampen in drie decennia. Achttien miljoen mensen met de dood bedreigd. En de oorlog maakt het alleen maar erger. Dat is het grote probleem. Wij moeten ervoor zorgen dat het geld naar de juiste mensen gaat en dat er dringend verbetering optreedt.'

Verbondenheid en gemeenschap kenmerken het charisma van U2. De groepsleden hebben een hechte band en beseffen dat zij dezelfde strijd voeren. Zonder aarzeling of cynisme geven de Ierse vaandeldragers de witte vlag door aan jonge en oude wereldbewoners. In 2004 ontving Bono de Amerikaanse Freedom Award. Het National Civil Rights Institute van Memphis, gevestigd in het motel waar Martin Luther King op 4 april 1968 werd vermoord, gaf Bono de prijs voor zijn wereldwijde campagne tegen de Afrikaanse schuldenlast. In een toespraak tot drieduizend scholieren sprak Bono 'dat de bijdrage van jongeren aan de burgerrechtenbeweging erg belangrijk is. Alleen in gemeenschap kunnen we die problemen effectief aanpakken.'

Profetische woorden en internationale verdragen

Martin Luther King stelde zijn historisch engagement in het teken van de lotsverbetering van alle wereldbewoners. Zwarten en blanken, armen en rijken, politici en gewone burgers, allen werden uitgenodigd om een wereldgemeenschap uit te bouwen zoals Abraham Lincoln bedoelde met 'zijn onverdeeld huis'. Kings historisch engagement stond gegrondvest op *een eigentijds profetisch bewustzijn.* Zijn aandacht voor de wereldgemeenschap werd gedragen door een hedendaags en eschatologisch bewustzijn, omdat King als profetisch leider in staat was tot grote veranderingen in het toenmalige Amerika en in de toenmalige wereld. Amerikadeskundige J.W. Schulte Nordholt noemde King 'de profeet van de menselijkheid' en verklaarde dat 'de waarde van dominee King lag in een niet te ontleden geheimzinnige kracht'. Tod Brown, de leider van de Amerikaanse katholieke bisschoppen, noemde King 'de profeet van de burgerrechten' en Benjamin E. Mays sprak in 1968: 'Indien Amos en Micha profeten waren in de achtste eeuw voor Christus, dan was Martin Luther King een profeet in de twintigste eeuw. Indien een profeet de woordvoerder van God is, dan beantwoordt dominee King perfect aan die omschrijving.'

King had een lievelingsprofeet: Amos, de kleine profeet uit Tekoa. Ontelbare keren zou King Amos' woorden in de mond nemen en meer dan wie ook trachtte King Amos' profetische bewustzijn op zijn eigen manier en met zijn middelen in te vullen. Zo'n 2800 jaar geleden leefde Amos, als schapenfokker en vijgenkweker, in Tekoa, een dorp ten zuiden van Jeruzalem. Hij was een ontwikkeld man, want hij reisde veel en bezat literair talent. Tijdens zijn historisch optreden bracht Amos het dubbelzinnige karakter van het noordrijk Israël en het zuidrijk Juda aan het licht: in politiek opzicht kenden beide rijken een heropleving, maar in moreel opzicht broeide het verval omdat beide rijken intolerant en zelfs vijandig tegenover elkaar stonden. Noord en Zuid wezen meer op de scheiding van geesten dan op het verschil van territorium. Welvaart verving welzijn en de kloof tussen de vrijheid van een aantal rijken en de slavernij van een massa rechtelozen werd groter. Amos nam geen blad voor de mond omdat *de gemeenschap* gered diende te worden. Hij trof in beide deelrijken een samenleving aan waarin het velen zeer voor de wind ging. Rijken aten goed en dronken een stevig glas; machtigen bouwden buitenverblijven en kasten van huizen; dames werden in de watten gelegd en hielden zich bezig met culturele kitsch; kinderen deelden gul in de welvaart en veel mensen hadden geen enkele moeite met luxe of weelde. De rechten van de mens golden niet en in bedevaartsplaatsen kwam amper een einde aan dagenlang feesten. Amos kon dit niet langer aanzien. Hij hekelde de onderdrukking van de armen, de zedenloosheid van de rijken en het religieuze formalisme dat zich beriep op de uitverkiezing door Jahwe. In niet mis te verstane bewoordingen vergeleek hij de gegoede Samaritaanse dames met fokvee. Niet meer en niet minder demonstreerde de verwording van de toenmalige samenleving zich in het gedrag van de verwende vrouwen. Amos choqueerde omdat hij als profeet niet anders kon. Als donderpredikant haalde hij ongezouten uit naar de dankfeesten en pelgrimages, de getijdenvieringen en vrome gezangen waarmee ontrouw en onrecht gecamoufleerd werden. Amos stelde een vernietigende diagnose en was bereid er alles aan te doen om een nieuwe samenleving te verwezenlijken.

Amos' gedreven karakter vinden we ook terug bij Martin Luther King. Als bezield predikant, die veel studietijd besteedde aan de kunst van de homilitiek, sprak King vurig en passioneel. Te midden van de Afro-Amerikaanse mondelinge traditie hechtte hij veel belang aan het gesproken woord dat een dialogerende en ontluikende waarde in zich droeg. King kon mensen vervoeren, in beweging brengen en meermaals moest hij na een openbare prediking enkele uren rusten omdat hij te ver was gegaan. Als charismatische leider ging er van King een natuurlijk gezag uit, bijna een instinctieve reflex. Amos' beschuldigingen tegen de weelde, het geweld en de maatschappelijke intolerantie kregen een vervolg in Kings aanklacht tegen het materialisme, het militarisme en het racisme, die hij de drie kankers van de moderne tijd noemde. Amos' metaforische formuleringen, zijn aandacht voor ritmiek en het gebruik van veelvuldige herhalingen inspireerden King. Amos' profetie van het komende heil werd Kings droom van de *beloved community* en Amos' rebelse droom van de hoop werd Kings monumentale droomrede in Washington DC. In 1958 schreef King: 'Niet ieder predikant moet een profeet zijn. Sommigen moeten erop voorbereid zijn de vuurproef van deze hogere roeping te doorstaan, door alle lijden omwille van de gerechtigheid moedig te dragen.' (Stride Toward Freedom, 1958) Na de ontvangst van de Nobelprijsrede in 1964 sprak King: 'Raciaal onrecht, armoede, oorlog, als de mens deze drie grote problemen kan oplossen, dan zal zijn morele vooruitgang parallel lopen met zijn maatschappelijke vooruitgang. En, nog belangrijker, hij zal de praktische vaardigheid hebben verworven om evenwichtig te leven.'

In zijn laatste boek *Waar gaan wij heen. Chaos of gemeenschap?* ontdekken we de hedendaagse waarde van Kings historische woorden: 'We staan nu voor het feit dat de dag van morgen de dag van vandaag is. We zien ons geplaatst voor een nu dat heftig op ons toedringt. In het zich ontvouwende raadsel van leven en geschiedenis bestaat de mogelijkheid van het te laat komen. Van uitstel komt afstel. Het leven laat ons vaak naakt, weerloos en ontmoedigd staan met niets in handen dan een gemiste kans. Het getij in de menselijke zaken blijft niet altijd de vloed; er volgt eb. We mogen de tijd wanhopig toeroepen een ogenblik stil te staan, maar de tijd is doof voor elke smeekbede en spoedt zich voort. Wij hebben nu nog één keuze: geweldloze coëxistentie of gewelddadige codestructie. Het is mogelijk dat we nu het laatste moment beleven waarop de mens nog kan kiezen *tussen chaos en gemeenschap.*'

De rol van de Verenigde Naties

Martin Luther King sprak sporadisch over de specifieke kenmerken van de VN, maar hij wijdde des te meer woorden aan *de wettelijke ordening van de maatschappij.* In zijn laatste boek (1967) schreef hij: 'De Verenigde Naties vertegenwoordigen een gebaar in de richting van geweldloosheid op wereldschaal. In de vergaderingen van de VN hebben de tegenover elkaar staande staten tenminste getracht elkaar met woorden in plaats van met wapens te bestrijden. Ik hoop dat de Verenigde Naties, bij de gigantische taken waarvoor ze zich geplaatst zien, het gebruik van geweldloos verzet ernstig in overweging zullen nemen.' In zijn *Letter from Birmingham City Jail* had King het niet over de VN, maar wel over rechtvaardige en onrechtvaardige wetten. Zoals er een morele verantwoordelijkheid bestaat om rechtvaardige wetten te gehoorzamen, zo bestaat dezelfde verantwoordelijkheid om ontrechtvaardige wetten te overtreden. Met respect voor de natuurwetten verduidelijkte King: 'Een rechtvaardige wet is een door mensen opgestelde regel die in overeenstemming is met morele wetten of de wet van God. Een onrechtvaardige wet is in tegenspraak met morele regels. Thomas van Aquino zegt dat een onrechtvaardige wet een menselijke wet is die niet is geworteld in de eeuwige en natuurlijke wet. Elke wet die de menselijke aard verheft, is goed. Elke wet die de mens naar beneden haalt, is verkeerd. Alle wetten die de rassenscheiding in stand houden, zijn verkeerd, omdat segregatie de ziel van de mens beschadigt.' (Where Do We Go From Here: Chaos or Community?, 1967)

Weloverwogen sloot King aan bij de visie van de stoïcijnen, de grote dichter Sofocles, de eerste christenen, maar ook bij de Franse denker Jacques Maritain. Laatstgenoemde werd in 1882 in Parijs geboren en studeerde wijsbegeerte bij Henri Bergson. Als vurig neothomist werd Maritain aanvankelijk docent aan Franse hogescholen en gedurende de Tweede Wereldoorlog gaf hij les aan Amerikaanse universiteiten. Vanuit zijn katholieke wereldbeschouwing en vanuit zijn Bergsoniaanse levensfilosofie trachtte Maritain door te dringen tot alle verschijnselen van het menselijk bestaan en had hij aandacht voor de rechtmatige ordening van de menselijke gemeenschap. In zijn studie *Man and the State* (1966) werd het verband met Kings personalistisch denken vrij duidelijk. Maritain schreef: 'We kunnen ons voorstellen dat de verdedigers van een liberaal-individualistische, een communistische en een personalistische opvatting over de maatschappij op papier tot een gelijksoortige reeks rechten van de mens kunnen komen, maar ze zullen het instrument niet op dezelfde manier bespelen. Alles hangt af van de hoogste waarde waarnaar al deze rechten geordend zullen worden. Het hangt af van de waardehiërarchie die we aanhangen, op welke manier de rechten van de mens, de economische, de sociale, de individuele rechten, volgens ons gerealiseerd moeten worden. De verdedigers van een liberaal-individualistische maatschappij zien het kenmerk van de menselijke waardigheid allereerst in de macht die elke persoon bezit om zich individueel de goederen van de natuur toe te eigenen; de verdedigers van een communistische maatschappij zien het kenmerk van de menselijke waardigheid vooral in de macht om diezelfde goederen aan een collectief bestuur van de maatschappij te onderwerpen; de verdedigers van een personalistische maatschappij zien het kenmerk van de menselijke waardigheid allereerst in de macht om de natuurgoederen in dienst te stellen van een *gemeenschappelijk streven* naar morele en geestelijke goederen, en naar vrijheid en onafhankelijkheid van de mens. Wat mij betreft, ik heb gekozen voor de derde van de drie geestesstromingen die ik zojuist heb genoemd.'

De geschiedenis van *de mensenrechten* is zeer oud. De bestrijding van het menselijk onrecht lijkt even oud als het bestaan van het onrecht. De eerste getuigenissen van medemenselijkheid vinden we terug in de zuil van Hammurabi, in de Egyptische hiërogliefen, in de bijbel en in tal van Afrikaanse, Aziatische, Latijns-Amerikaanse culturen. Terwijl in de westerse Middeleeuwen de opvatting overheerste dat alle macht van God stamde, zouden grote denkers als Grotius, Vazquez, Suarez voor het eerst in de geschiedenis volkerenrechten ontwikkelen. Bekend is de Spaanse pacifist Bartholomé de las Casas, die als bisschop van Mexico opkwam voor de indianen, maar niets kon verhelpen aan de invoer van zwarte slaven voor plantagearbeid. De Verlichting zou een scharnierbeweging in het westerse rechtsdenken betekenen. Jean-Jacques Rousseau en de Franse contractfilosofen verdedigden de volkssoevereiniteit en Engeland ontwierp een constitutionele monarchie waarbij de koninklijke macht aan banden werd gelegd. De Amerikaanse *Declaration of Independence* (1776) en de Franse *Déclaration des Droits de L'homme et du Citoyen* (1789) zouden als voorbeeld dienen voor vele Europese grondwetten, waaronder de Belgische. Ondanks die historische ontwikkelingen bleven mensenrechten beperkt tot nationale verdragen. Woodrow Wilson en de Volkenbond luidden de internationalisering van de mensenrechten in, maar niemand kon verhinderen dat Duitsland een totaal andere weg zou inslaan. Adolf Hitler richtte in 1920 de National-Sozialistische Deutsche Arbeiterpartei op en hij sprak zich uit tegen het dictaat van Versailles, het vredesverdrag dat een einde had gemaakt aan de Eerste Wereldoorlog. De Tweede Wereldoorlog leek onherroepelijk en zou, net als de Eerste Wereldoorlog, een massale schending betekenen van de internationale mensenrechten.

Na de oprichting van de Verenigde Naties in 1945 werd op 10 december 1948 door de Algemene Vergadering van de Verenigde Naties *de Universele Verklaring van de Rechten van de Mens* ondertekend. Voor het eerst in de geschiedenis werden de rechten en vrijheden van de mens in één tekst geformuleerd en voor het eerst verkreeg elk individu uitgebreide sociale, economische, politieke en culturele rechten. Door de universaliteit richtte de verklaring zich tot de hele wereld en dus tot alle volkeren. Hoewel het unieke karakter van de verklaring al lang is aangetoond, blijven er tekorten. De verklaring is niet bindend, heeft geen aandacht voor volkerenrechten en laat diverse interpretaties toe. Gelukkig hebben de VN vandaag meer aandacht voor solidariteitsrechten. De acties van Amnesty International, opgericht in 1961, dragen veel bij tot de naleving van de Universele Verklaring. Iedereen is het erover eens dat de mensenrechten geen uniform gegeven zijn en dat het dynamische karakter van groeiende verantwoordelijkheid de Universele Verklaring tot een lichtbaken van hoop maakt. Dit is ook de mening van Kofi Annan. Kofi Annan werd in 1938 geboren in Ghana, dat toen nog Goudkust heette. Hij studeerde economie en behaalde in Minnesota een bachelorgraad in economische wetenschappen. Na aanvullend onderwijs in Genève kreeg hij in 1962 zijn eerste VN-job bij de Wereldgezondheidsorganisatie en uit die periode dateert Annans ringbaardje. Het befaamde Lumumba-baardje was in die tijd een politiek statement en stond voor hoop op betere tijden. Annan probeerde aan de ontwikkeling van Afrika rechtstreeks zijn steentje bij te dragen door in Ethiopië de Economische Commissie van de VN voor Afrika voor te zitten. Op zijn drieëndertigste verkoos hij opnieuw te studeren en hij behaalde aan het befaamde Massachusetts Institute of Technology een mastergraad in bestuurskunde. In 1997 werd Annan de zevende secretaris-generaal van de Verenigde Naties. Als hervormer volgde hij de eigenzinnige Egyptische Boutros-Ghali op, wiens herbenoeming op een Amerikaans veto stuitte. Annan lijkt in alle opzichten een beminnelijk man, een man van dialoog en een pleitbezorger van de naleving van mensenrechten en democratische idealen. Hoewel de leider van de Verenigde Naties zich permanent ophoudt in de kringen van wereldleiders, regeert hij als secretaris-generaal niet over een grondgebied, staat hij niet aan het hoofd van een leger, kan hij geen belastingen heffen, heeft hij geen stem in de Algemene Vergadering van de VN, maar is hij een soort morele leider van 191 lidstaten. Annans charisma en welbespraaktheid zijn persoonlijke voordelen om te bouwen aan een wereldverbond en een wereldgemeenschap.

11 september 2001 werd *een keerpunt* in de wereld, natuurlijk ook voor Kofi Annan. Een paar maanden eerder was Annan herbenoemd en had hij de Nobelprijs voor de vrede ontvangen. In *Time Magazine* verklaarde Annan: 'De staatssoevereiniteit, de eerste bestaansgrond van Wilsons Volkenbond en later de VN, komt in een geglobaliseerde wereld waar de mensheid vecht tegen problemen zonder grenzen zwaar onder druk te staan. De nationale soevereiniteit komt soms op de tweede plaats indien aan mensenrechtenschendingen een eind gemaakt moet worden. Soevereiniteit mag geen nationaal schild worden.' Maar ook na zijn talrijke nederlagen en zijn wrijvingen met de Verenigde Staten blijft Annan geloven in zijn vijf deugden die de mensheid vooruit helpen: waardigheid, vertrouwen, moed, solidariteit en geloof. Samen met zijn Zweedse echtgenote bewandelt hij de weg van de diplomatie en beseft hij dat

de menselijke weg een zware levensopdracht inhoudt. Ter nagedachtenis van Dag Hammerskjöld is Annan bereid te werken aan de internationale solidariteit en de naleving van de Universele Verklaring van de Rechten van de Mens. Meer dan wie ook is Annan zich hiervan bewust. Of zoals het VN-handvest proclameert: 'Om toekomstige gemeenschappen de gesel van de oorlog te besparen.'

'We shall overcome'

Binnen en buiten de grenzen van de Verenigde Staten geldt Martin Luther King als de charismatische leider van de Civil Rights Movement. De Amerikaanse burgerrechtenbeweging is de belangrijkste breedmaatschappelijke transformatiebeweging in de Amerikaanse geschiedenis van de vorige eeuw. Het is het verhaal van moed en standvastigheid, van geweldloosheid en geduld, van verzoening en verlossing, maar het is ook het verhaal van duizenden onschuldige slachtoffers die een noodlot ondergingen.

Drie historische feiten leidden het ontstaan van de Civil Rights Movement in. De Brown-decision in 1954 was het eerste feit. Oliver Brown, een zwarte burger uit Topeka (Kansas), ergerde zich aan het feit dat zijn dochter Linda Brown elke dag anderhalf uur moest stappen om naar een zwarte school te gaan. Nochtans was er een blanke school in de buurt. Tevergeefs trachtte Brown zijn dochter op de blanke school geplaatst te krijgen, totdat hij een klacht indiende tegen het schoolbestuur van Topeka. Spoedig namen de National Association for the Advancement of Colored People en advocaat Thurgood Marshall de leiding in handen en trachtten een doorbraak te forceren. Marshall stelde dat segregatie per definitie altijd discriminatie inhield en verzocht het Hooggerechtshof om racistische staatswetten ongeldig te verklaren. Marshall hield koppig stand. Op 17 mei 1954 deed het Amerikaanse Supreme Court een historische uitspraak: 'We besluiten dat op het vlak van het openbaar onderwijs gescheiden onderwijsvoorzieningen vanuit hun wezen altijd ongelijkheid inhouden.' Het Hooggerechtshof nam een belangrijke beslissing en een doorbraak voor de burgerrechtenactivisten leek nu onvermijdelijk.

Het Brown-arrest werd nu gevolgd door de Emmitt Till-story (1955). Emmett Bo Till, een schrandere zwarte knaap uit de South Side van Chicago, ging op bezoek bij zijn oom Mose Wright in Mississippi en Till zou nooit meer levend terugkeren naar het noordelijke Chicago. Till werd laf vermoord in de Mississippi-Delta en het zou lange tijd duren voordat men de blanke moordenaars kon arresteren.

Na dit tweede feit kwam dan de doorbraak voor de Movement: de Montgomerybusboycot in 1954-1955. Geen enkele Afro-Amerikaan en geen enkele zwarte gemeenschap hadden ook maar enig vermoeden welke historische proporties de Montgomerybusboycot zou aannemen. In het toenmalige Montgomery, de bakermat van de Confederatie, beheersten de harde segregatiewetten immers het maatschappelijke leven en werden de zwarte stadsbewoners als tweederangsburgers beschouwd. Zwarten waren '*the invisible man*' en dat gold eens te meer op de stadsbussen van Montgomery. Zwarte chauffeurs kwamen niet in aanmerking voor een job en de meeste blanke chauffeurs reageerden onbeschoft wanneer ze een gesprek met een zwarte passagier hielden. Gebruikelijk werden zwarte passagiers aangesproken als 'nikkers', 'zwarte runderen' of 'zwarte apen'. Ofwel gebruikte men de slavennaam 'boy', ofwel hanteerde men het anonieme 'John'. Bovendien betaalden de zwarte passagiers hun rit vooraan in de bus en werden ze vervolgens gedwongen uit te stappen om via de achteringang weer in te stappen. Dikwijls vertrok de bus en zagen de zwarte passagiers dan de bus aan hun neus voorbijrijden. Voorts bleven de eerste vier banken, die ruimte boden aan tien personen, voorbehouden voor blanken en had men de gewoonte om zwarte passagiers staanplaatsen toe te wijzen, ook als er nog zitplaatsen vooraan in de bus vrij waren. Waren alle voor blanken bestemde stoelen bezet en stapten er nog meer blanken op, dan moesten de zwarten in het niet voor blanken gereserveerde deel opstaan en hun plaats aan blanken geven. Indien ze dat weigerden, volgde er onmiddellijk een arrestatie.

Na Montgomery bewandelde Martin Luther King nieuwe wegen. In 1957 richtte hij de Southern Christian Leadership Conference op, een kerkelijke organisatie die via *direct action* de segregatiewetten trachtte te ontzenuwen, en in de volgende jaren zou King ontelbare acties ondernemen om het racisme een halt toe te roepen. De Afro-Amerikaanse gemeenschap vormde de focus van die acties omdat die gemeenschap, na het houten juk van de slavernij, nu het ijzeren juk van de segregatie droeg. Als leider van de Movement ging King tot het uiterste om onrecht te bannen en recht te laten heersen. In Washington DC sprak hij over de Movement: 'De enorme menigte vormde het levende en kloppende hart van een buitengewone beweging. Het was een leger zonder vuurwapens, maar niet zonder kracht. Het was een leger van uitsluitend vrijwilligers. Het bestond uit blanken en zwarten van alle leeftijden. Het telde aanhangers van alle religies, vertegenwoordigers van alle klassen, alle beroepen en alle politieke richtingen, verenigd door één ideaal. Het was een strijdbaar leger, maar onmiskenbaar met liefde als machtigste wapen.' (Strength to Love, 1963)

Gandhi en Christus

Martin Luther King leerde Gandhi kennen op twee momenten in zijn leven. In 1950 nam hij kennis van Gandhi's ideeën tijdens een lezing aan de Howard University in Philadelphia. De toenmalige president van Howard was net terug van een reis naar India, waar hij Gandhi's geweldloos gedachtegoed grondig had bestudeerd. King kwam in de ban van Gandhi's geweldloze strijd en haastig kocht hij zich een stapel boeken over de Indiase hervormer. Negen jaren later maakte King, samen met zijn echtgenote, een bedevaart naar India. Als welkome gasten van Pandit Nehru kon King ter plaatse de resultaten van de Indiase onafhankelijkheidsstrijd vaststellen en kreeg hij de kans om de achterliggende fundamenten van die strijd te onderzoeken. Satyagraha en ahimsa, kracht door waarheid en geweldloosheid, waren de basisbegrippen en King ontdekte ook de meervoudige betekenis achter die begrippen. Satyagraha verwees naar een techniek van geweldloosheid en naar de heropbouw van de maatschappij, terwijl ahimsa zowel geweldloosheid als respect voor de kosmos inhield. Voor Gandhi gold satyagraha als een spirituele kracht, geboren in een harmonisch leven, zich transformerend volgens evenwichtige levensprincipes, eeuwig trouw aan de geweldloosheid. Gandhi synthetiseerde satyagraha en ahimsa onder het begrip sarvodaya of het geloof in het spirituele evenwicht van de mens.

Als sociaal hervormer en geweldloze profeet maakte Gandhi een diepe indruk op dominee King. Tijdens de Montgomerybusboycot maakte King expliciet gebruik van *Gandhi's technische en filosofische basisprincipes*, waardoor hij in staat was om een indrukwekkende massa te mobiliseren en te kanaliseren. King besefte dat de geest van de geweldloze strijd door Jezus werd gebracht en dat de middelen door Gandhi werden aangereikt. In *Stride Toward Freedom* (1958) schreef hij: 'Het was eerder de Bergrede dan een leer van lijdelijk verzet die in eerste instantie de zwarte gemeenschap in Montgomery tot een waardige maatschappelijke actie inspireerde. Het was Jezus van Nazareth die de zwarte gemeenschap aanspoorde tot protest met het creatieve wapen van de liefde. Naarmate de strijd verstreek, begon echter de invloed van Mahatma Gandhi zich te doen gelden. Ik was al vroeg gaan inzien dat het christelijke gebod van liefde, wat ten uitvoer werd gebracht door middel van de Gandhiaanse methode van geweldloosheid, een der machtigste wapens was die de zwarte mens ten dienst stonden in zijn strijd voor de vrijheid. Mensen die nooit van de kleine bruine heilige van India hadden gehoord, spraken nu, in Montgomery, zijn naam uit met een air van familiariteit. Het geweldloze verzet was opgekomen als werkwijze van de beweging, terwijl liefde de achtergrond vormde als richtinggevend ideaal. Met andere woorden, Christus verschafte geest en motief, terwijl Gandhi de methode aangaf.'

Tijdens de Montgomerybusboycot begreep King op welke manier Gandhi een beperkt altruïsme verving door *een verregaand altruïsme* of op welke manier naastenliefde een breedmaatschappelijke rol kan spelen in de opbouw van een nieuwe samenleving. Via Gandhi kwam King dus tot een andere visie op de uitbouw van de gemeenschap. King sprak: 'Gandhi was waarschijnlijk de eerste in de geschiedenis die Jezus' leer van naastenliefde heeft weten uit te heffen boven de zuivere wisselwerking tussen personen tot een doeltreffende maatschappelijke kracht op grote schaal. Voor Gandhi was de naastenliefde een krachtig instrument bij collectieve hervormingen. Het was in deze Gandhiaanse beklemtoning van naastenliefde en geweldloosheid dat ik de methode voor sociale hervorming vond waar ik zo vele maanden naar had gezocht.' (Stride Toward Freedom, 1958)

Gemeenschappelijke strijd: de visie van Martin Luther King

Het charisma van Martin Luther King wordt niet alleen bepaald door zijn welbespraaktheid of vurige levensgeest. King was in staat om *een gemeenschap* te mobiliseren, kanaliseren en zelfs te galvaniseren. Tijdens zovele massademonstraties of vredesmarsen bezat hij de kracht om mensen innerlijk warm te maken voor de geweldloze zaak en schrok hij er niet voor terug om in de frontlinie te gaan staan. King toonde zich kwetsbaar omdat hij zijn geweldloze visie met geweldloze daden wilde staven en omdat hij het ambivalente Amerika wilde genezen van zijn ziekelijke kanker. Precies omdat hij het opnam voor de gemeenschap van Montgomery, Atlanta, Albany, Birmingham, Washington DC, St. Augustine, Selma, Chicago, Mississippi, New York en Memphis liep hij gevaar en hij besefte goed dat zijn leven kortstondig kon zijn. Maar hij gaf niet toe.

De vredesbeweging Pax Christi ontstond na de Tweede Wereldoorlog en werkt vandaag wereldwijd *met de gemeenschap en voor de gemeenschap,* waarbij haar diepste bezieling voortkomt uit het evangelie. Jezus van Nazareth riep gewone vissers, zocht het gezelschap van rechtelozen en outsiders, weerstond autoriteiten, plaatste de naastenliefde boven de strenge voorschriften en veroorzaakte onrust. Hij sprak met zondaars en zieken, met armen en weerlozen, met bedroefden en ontheemden. Ontluisterend droomde hij van het mostaardzaadje dat klein begint maar groot eindigt, zoals een kostbare parel in een akker. Verbazingwekkend duurt de invloed van Jezus nog steeds voort.

Ana da Silva Brito

boekhoudster
lid van de Algemene Vergadering Pax Christi Vlaanderen
teamlid Pax Christi Vlaanderen

De radicale christelijke spiritualiteit van Martin Luther King bewonder ik enorm

Ik heb altijd inspiratie gevonden in het engagement van Martin Luther King. Mijn blanke huid was nooit een waarborg om geen last te ondervinden van discriminatie of vooroordelen. Tot mijn zestiende leefde ik in een 'allesbehalve democratisch land', waar klassenscheidingen bestonden en waar gemengde huwelijken sterk werden afgeraden. Spelen met de kinderen van het huishoudpersoneel kon wel, maar mijn ouders gaven altijd de raad behoedzaam te zijn: 'Je moet beleefd zijn tegenover die personen, ze helpen indien nodig, maar je moet ook beseffen dat zij niet tot onze klasse behoren.' Ik ging niet akkoord met die gedachte en ben nog niet van mening veranderd. Racisme brengt altijd lichamelijke of psychische littekens met zich mee en veel mondiale conflicten vinden hun oorsprong in onverdraagzaamheid of extremisme.

Martin Luther King is voor mij altijd een inspiratie geweest, in tegenstelling tot Gandhi, gezien de spanningen tussen Portugal en India. Als tiener las ik boeken en zocht ik naar een houvast, een oriëntatie in mijn leven. Het charisma van Martin Luther King sprak mij enorm aan omdat hij zijn droom van een rechtvaardige wereld ook trachtte waar te maken en omdat hij bereid was daarvoor een zware prijs te betalen. Als immigrante en gescheiden moeder heb ik altijd moeten vechten voor mijn rechten en blijf ik geïnspireerd door mensen die hun leven ten dienste stellen van de mensheid. Leiders zijn voor mij geen heiligen, maar gewone mensen met sterke en zwakke punten, mensen die met vallen en opstaan een nieuwe tijd aankondigen. Martin Luther King blijft 'een houvast' voor individuen en volkeren die een betere wereld verlangen.

10. RADICAAL CHRISTEN ZIJN

Een vergelijking tussen de Vlaams-Nederlandse theoloog Edward Schillebeeckx en de Amerikaanse baptistenpredikant Martin Luther King lijkt op het eerste gezicht een utopie, maar toch willen we dit toelichten. Schillebeeckx bracht als kamergeleerde veel van zijn tijd door in Nijmegen en King stond als burgerrechtenleider met de twee voeten in het Amerikaanse veld. Bovendien werd King slechts 39 jaar en is Schillebeeckx in 2004 al de 90 gepasseerd. Desondanks blijkt er tussen de twee theologen een gelijkenis over de tijd en de geschiedenis heen: hun bevrijdende engagement, maatschappijkritische visie en personalistische godsgeloof zijn meer dan raakpunten. Vanuit een overwegend christelijke identiteit boden zowel Schillebeeckx als King nieuwe inzichten in de westerse en Amerikaanse theologie en toonden zij de hermeneutische sleutel van het oorspronkelijke christendom. Zij brachten de Schepper weer wat dichter bij de mens en vanuit een open-bevrijdende visie streden zij om de menselijkheid van de mens. God is met ons, maar God is veeleer ook in ons. De radicale christelijke identiteit van zowel Schillebeeckx als King kan een bron van inspiratie betekenen voor de hedendaagse vredesbeweging.

Twee lastige apostels

Martin Luther King was *een lastige apostel*. Zijn evenwichtige opvoeding binnen de Afro-Amerikaanse kerktraditie stelde hij in vraag door naar een blank theologisch seminarie te gaan en later naar een liberale universiteit in Boston. Vanaf zijn adolescentiejaren reageerde King tegen het emotionele en bijwijlen fundamentalistische karakter van de Afro-Amerikaanse geloofsoverdracht. Via eminente professoren ontdekte King het utilitarisme van Betham en Mill, het revolutionaire denken van Marx en Lenin, het sociale contract van Hobbes, het natuuroptimisme van Rousseau, de dialectische methode van Hegel, het aardse denken van Nietzsche en de geweldloze filosofie van Gandhi. King verbond zijn Afro-Amerikaanse kennis met het Europees-Amerikaanse wijsgerige gedachtegoed en kwam op die manier tot 'een positief gerichte en sociale levensbeschouwing'. Ondanks die ontwikkelingen bleef King stroomopwaarts gaan. Als predikant sprak hij zich vurig uit tegen de segregatie; als burgerrechtenleider gaf hij zijn leven voor de bevrijding van zijn volk en als eigentijds profeet zou hij nooit zwichten voor de publieke opinie of de overheid. King dreef door, botste met regeringsleiders, zocht zijn eigen weg en ging zijn eigen weg. Op 4 april 1967 sprak hij zich met alle kracht uit tegen de oorlog in Vietnam en tegen de expansie van de binnen- en buitenlandse armoede. Een jaar later werd hij vermoord.

Net als King was Schillebeeckx een lastige apostel. Hij geldt als een baanbreker in de westerse theologie en is de meest gelezen dominicaan ter wereld, na zijn middeleeuwse voorganger en groot voorbeeld Thomas van Aquino. Edward Schillebeeckx werd geboren in Antwerpen, groeide op te Kortenberg en ging studeren aan befaamde theologische universiteiten in Leuven en Parijs. Nadien stond hij in voor de filosofische en theologische opleiding van zijn medebroeders en in 1958 kwam hij in Nijmegen terecht. In 1982 verliet hij de universiteit van Nijmegen, om zogezegd met rust te gaan en nieuwe horizonten te verkennen. Het werd de rust van het schrijven, het intensieve lees- en denkwerk, want stilzitten stond niet in Schillbeeckx' woordenboek. Eveneens in 1982 ontving hij de prestigieuze Erasmusprijs. Prins Bernhard, die de Erasmusstichting oprichtte, kende de prijs aan pater Schillebeeckx toe omdat 'zijn theologisch werk zowel een bevestiging van de klassieke waarden van de Europese cultuur, alsook een bijdrage tot kritisch onderzoek van die cultuur betekent.' In zijn dankwoord zei Schillebeeckx: 'Wat men van hedendaagse vormen van theologie ook moge denken, men zal moeten toegeven dat zij bezig zijn het menselijk gelaat van God te herontdekken en, op grond hiervan, de hoop op een menselijker gelaat van samenleving en mens gestalte trachten te geven.' Uiterst dankbaar en enigszins gelaten nam Edward Schillebeeckx de Erasmusprijs in handen en, volgens de regels van de stichting, schonk hij de helft van het prijzengeld aan het bekende theologische tijdschrift *Concilium.*

Edward Schillebeeckx is een pacifist en intellectuele hervormer van het eerste uur. Als goed geschoolde Thomist publiceerde hij in 1952 een lijvig wetenschappelijk werk met de naam *Sacramentele heilsecono-mie*, een baanbrekende studie over de sacramenten. De korte versie van dit boek werd in elf talen vertaald en haalde een oplage van miljoenen exemplaren. Te Nijmegen bleek hij een harde werker, met een uitgebreide kennis, maar ook een zachtmoedig en innemelijk professor die graag tijd maakte voor zijn studenten. Wegens zijn dossierkennis kreeg hij een invitatie om het aggiornamento van het Tweede Vaticaans Concilie in goede banen te leiden. Schillebeeckx ging naar Rome en zat meteen op de golflengte van befaamde Europese theologen zoals Hans Küng, Karl Rahner, Marie-Dominique Chenu en Yves Congar. Wegens zijn kerkkritische houding zou Schillebeeckx nog een aantal keren terugkeren naar Rome, maar nu niet alleen om te debatteren. Spoedig bleek pater Schillebeeckx *een lastige apostel* te zijn. Zijn oorspronkelijke ervaringstheologie en later hermeneutisch-kritische theologie vielen niet in goede aarde te Rome omdat Schillebeeckx een vernieuwende christologie bracht, die een duidelijke terugkeer naar het vroege christendom inhield en die de identiteit van de Kerk in een ander daglicht stelde. Door Schillebeeckx' theologie loopt immers de rode draad van onze eigen tijd als vraag, als situatie, als probleem, als kans om God wat dichter bij de mens en de mens wat dichter bij God te brengen. Een oud-student van Schillebeeckx zei: 'Pater Schillebeeckx spoorde ons aan om met overgave te studeren. Binnen een goodwill van geloof moesten wij kritisch vragen stellen en niet onszelf als laatste norm hanteren. Maar onze prof beheerste eveneens een "spirituele" theologie. Hij liet bijvoorbeeld toe dat we zijn cursus meenamen naar het stil gebed; niet om te blokken, maar om ermee te bidden. En dat lukte. Zijn teksten schonken niet alleen een intellectuele vreugde, maar ook een spirituele. Ze voedden ons leven. Net als eten en drinken.'

Bevrijdend engagement

Zowel Martin Luther King als Edward Schillebeekckx stonden *op de bres voor bevrijding* omdat zij zich geroepen voelden door een bevrijdende God en omdat zij hun heilsopdracht in het teken stelden van de christelijke praxis. Bij Schillebeeckx en King ging het om de menselijkheid van de mens of de waardering voor de mens als mens. Schillebeeckx en King kozen voor mensen die weinig hebben, presteren, kunnen en die telkens terugvallen op hun bestaan of hun mens-zijn zonder meer. Op die manier ontdekken die mensen dat hun waarde in zichzelf ligt en dat zij autonoom een nieuw leven kunnen aanvatten. Uiteindelijk zouden Schillebeeckx en King, via hun bevrijdend engagement, een belangrijke bijdrage leveren aan de heroriëntatie van de menselijke autonomie.

Martin Luther King bezat *een humane mensvisie*. Nadat hij Gandhi, Niebuhr en Thoreau bestudeerd had, vond King de geweldloosheid een verdienstelijk middel om tot het nobele doel van een humane samenleving te komen. Kings humane mensvisie steunde op het begrip 'agape', of de verlossende goede wil van en voor alle mensen van goede wil. Agape was zijn begin- en zijn eindpunt. Volgens King hield agape belangeloze liefde in, die niet uit is op eigen voordeel maar op dat van de naaste. Agape hield breedschalig altruïsme in, zoals we dat terugvinden in de parabel van de Barmhartige Samaritaan of in het verhaal van de Boetvaardige Zondares. Agape hield ook gemeenschapsstichting in, zoals in de roeping van de vissers of in de genezing van Jaïrus' dochtertje. Volgens King hield agape verzoening in, zoals in het verhaal van Zacheüs, en dienstbaarheid, zoals in het verhaal van de leerlingen die strijden om de rangorde. Agape betekende afstand doen, niet alleen van begeerte of zonden, maar ook van recht en macht, zoals het afstand doen van een mantel of de bereidheid om twee mijlen met iemand mee te gaan. Agape hield de eerbied voor de rechtelozen en bezitlozen in, de massa Amerikaanse armen die in moeilijke omstandigheden moeten leven en die het verschil tussen hun linker- of rechterhand niet eens kennen. Agape betekende solidarisering voor benadeelden, aandacht voor zij die terugvallen op hun naakte bestaan. King schreef in zijn eerste boek: 'Agape is een opbruisende liefde die spontaan, ongemotiveerd, bodemloos en scheppend is. Zij wordt niet in beweging gebracht door enigerlei hoedanigheid of verrichting van haar voorwerp. Het is de liefde van God die zich in het menselijk hart doet gelden. Het is het enige cement dat de gebroken gemeenschap weer kan lijmen. Wanneer ik het gebod krijg lief te hebben, houdt dat gebod in dat ik de gemeenschap moet herstellen, het onrecht moet weerstaan en moet tegemoetkomen aan de noden van mijn broeders. Agape is en blijft de liefde die zoekt gemeenschap te bewaren en te scheppen.' (Stride Toward Freedom, 1958)

Kings soteriologische visie kreeg een directe vertaling in zijn *bevrijdende praxis*. Duizenden mijlen zou hij afleggen om de agape concreet te maken en om het racisme een halt toe te roepen. Duizenden mijlen had hij ervoor over om het Amerikaanse dilemma van vrijheid en gelijkheid voor enkelen opgelost te zien in vrijheid en gelijkheid voor iedereen, ook al dienden mensen macht af te staan. Duizenden mijlen vond hij noodzakelijk om de zwarte gemeenschap niet alleen burgerrechten, maar ook sociaal-economische rechten te bieden. Kings bevrijdende praxis was een hervormingsstrijd en een geleidelijke opbouw van de *beloved community* of zijn inzicht omtrent het Rijk van God. Zonder utopische idealen of fata morgana's concretiseerde King een heilstoestand waardoor een groot deel van de Amerikaanse natie weer hoop en perspectief kreeg. Moedig schreef hij in *Where Do We Go From Here: Chaos or Community?* (1967): 'Onze enige hoop is nu dat we het vermogen bezitten onze revolutionaire geest te herwinnen, zodat we een soms vijandige wereld tegemoet kunnen treden met de verklaring dat we ons eeuwig tegen armoede, racisme en militarisme zullen blijven verzetten. Met die dure eed zullen we stoutmoedig de handschoen toewerpen aan de verdedigers van het status-quo en aldus het aanbreken verhaasten van de dag waarop alle kloven zullen worden gevuld en alle bergen en heuvels zullen worden geslecht, en de krommingen recht en de oneffen wegen vlak zullen worden.'

Edward Schillebeeckx bezit eveneens *een humane mensvisie*. In zijn nagelaten teksten pleit de Vlaams-Nederlandse dominicaan voor een humanisering en solidarisering van de wereld en van de mens. Onbevooroordeeld stelt hij dat de zaak van God eigenlijk de zaak van de mens is, en dat de zaak van de mens eens te meer de zaak van God is. Die twee kan je niet van elkaar losmaken, ze horen bij elkaar zoals de twee zijden van een muntstuk. Kiezen voor een humane samenleving is dus kiezen voor God want God heeft zich, in en door Jezus, definitief tot de mens gewend en God zal, in en door Jezus' verrijzenis, de mens bevrijden en heel maken. Hierbij aansluitend beklemtoont Schillebeeckx dat het christendom, in zijn bevrijdend heilshandelen, eenheid zoekt tussen mystiek en politiek. In een interview in 1986 zei Schillebeeckx: 'De Kerk en de christenen moeten de mystiek en de politiek waarderen. Ik vrees dat de Kerk vele mensen niet langer aanspreekt omdat ze niet over het ene noch over het andere wat te zeggen heeft. De Kerk buigt zich steeds meer over de micro-ethiek. Men heeft de mond vol over conceptieproblemen, over voorhuwelijkse betrekkingen, over homofilie, over echtscheiding. De micro-ethiek hoort toch specifiek tot het persoonlijke geweten van elke mens? Een Kerk moet spreken over de macro-ethiek, en daar houdt zij het wonder genoeg bij grote algemeenheden. Ik denk dat het hoort tot het diepste genie van het christendom dat mystiek en politiek samen horen te gaan. Je ziet dat ook: mensen die zich politiek engageren vanuit hun christelijk geloof en dat engagement laten dragen door meditatie. Hoeveel meditatiezolders zijn hier niet in Nijmegen, die druk door jongeren worden bezocht? Hoeveel mensen vluchten niet in de pure innerlijkheid van de mystieke literatuur? Dat verband tussen mystiek en politiek vind je wel terug in de bevrijdingstheologie in Latijns-Amerika. Christenen zijn daar politiek geëngageerd, en daarbij zijn ze nog religieus gemotiveerd ook.'

In navolging van eminente denkers als Paul Ricoeur en Jürgen Moltman stelt Schillebeeckx *de menselijke waardigheid* als basis voor de (her)opbouw van de postmoderne samenleving. Stoutmoedig beschrijft Schillebeeckx het bestaan van mensonterende, racistische praktijken in landen waar mensen worden uitgebuit en gefolterd. Onverschrokken klaagt hij de wereldwijde kloof tussen rijk en arm aan en sympathiseert hij met derdewereldbewegingen die onheuse praktijken aanklagen. Zonder schroom verzet Schillebeeckx zich tegen een wereld waar ontelbaar veel mensen omkomen van honger en ontbering, omdat het graan dat aan hen toekomt voor de dieren wordt geworpen. Ongecensureerd klaagt hij over een wereld waar het niet de zachtmoedigen zijn die het land bezitten, maar wel de machtswellustelingen die zich uitleven in de dictatuur van één persoon of één partij. Zonder angst hekelt hij ook het gebrek aan solidariteit en barmhartigheid, het voortbestaan van onverzoenlijkheid. Vanuit zijn soteriologische heilsvisie pleit Schillebeeckx voor een menselijke wereld, waar gratuite dienstbaarheid het menselijk leven siert. Hij komt consequent op voor het menselijk heil, omdat hij weet dat de mens een kind van God is en omdat mensen niet alleen hoeders, maar vooral ook broeders zijn van elkaar.

Maatschappij- en kerkkritische visie

Martin Luther King hanteerde *een maatschappij- en kerkkritische visie.* Zoals al vermeld bestreed hij de drie kankers van de moderne en postmoderne maatschappij. Maar ook de Kerk moest het ontgelden. Kings vlijmscherpe aanklacht tegen de Amerikaanse Kerk kwam er in zijn befaamde *Letter from Birmingham City Jail,* een open antwoord aan acht geestelijken in Alabama. King schreef de brief in 1963 in de gevangenis van Birmingham, op kleine stukjes papier die hij ontving van een medegevangene, met veel engelengeduld en in moeilijke omstandigheden. Via een advocaat werd de brief naar buiten gesmokkeld en gepubliceerd in de internationale pers. Zonder schroom schreef King dat hij erg teleurgesteld was in de blanke Kerk en haar leiders. Hij verweet de blanke Kerk laksheid, onverschilligheid voor wereldse problemen, sociale afzijdigheid, conformisme en verdediging van het status-quo. Stoutmoedig sprak hij over de blanke Kerk: 'Geroepen, de zedelijke hoedster te zijn van de gemeenschap, heeft de Kerk bijwijlen gehoed wat immoreel is. Geroepen, maatschappelijke misstanden te bestrijden, bleef zij zwijgen achter gebrandschilderde vensters. Geroepen om de mensen naar de grote weg van de broederschap te leiden en hen te manen zich te verheffen boven de enge begrenzingen van ras en stand, heeft zij de uitsluiting van rassen verkondigd en in praktijk gebracht.' King ging niet akkoord met de kerkelijke verkondiging en hij bekritiseerde eveneens het onrechtmatige ethische handelen binnen de blanke Amerikaanse kerkleiding. Volgens King kreeg de ethiek van het sociale evangelie te weinig kansen en hielden de kerkelijke leiders zich te weinig bezig met hun concrete verantwoordelijkheid om segregatie onmiddellijk te bekampen. In niet mis te verstane woorden schreef King in zijn boek *Strength To Love* (1963): 'Aan de ene kant belijden we vol trots bepaalde nobele beginselen, aan de andere kant brengen we juist het tegenovergestelde van die beginselen in de praktijk. Hoe vaak worden onze levens niet gekenmerkt door een hoge bloeddruk aan credo's en bloedarmoede aan daden? Welsprekend kunnen we praten van onze gehoorzaamheid aan de christelijke beginselen – en toch zijn onze levens vol van de praktijken van het heidendom. Want de ware naaste zal zijn positie, zijn prestige en ook zijn leven inzetten voor het welzijn van de anderen.' Als pacifist en sociale hervormer sprak King: 'In weerwil van de nobele belijdenissen van het christendom, kwam de Kerk met haar zorg voor de sociale rechtvaardigheid dikwijls te laat, en liet zij het al te vaak bij een plechtstatig verkondigen van vrome dooddoeners en zalvende zinledigheden. Wij zullen tot het inzicht moeten komen dat het evangelie een tweebaansweg is. Op de ene helft zoekt het de zielen van de mensen te veranderen, op de andere helft zoekt het de omstandigheden van de mensen te veranderen, zodat na de ommekeer de ziel een kans krijgt.' Ten slotte sprak King zich uit over de profetische taak van de blanke kerkleiding en kerkgemeenschap.

In zijn homilie 'De klop te middernacht' sprak hij: 'De Kerk moet eraan herinnerd worden dat zij van de staat meesteres noch dienares, maar eerder geweten is. Zij moet de staat leiden en oordelen, maar nooit het werktuig ervan worden. Wanneer de Kerk haar profetische bezieling niet herwint, zal zij een onbeduidend gezelligheidsclubje worden, zonder enig moreel of geestelijk gezag. Wanneer de Kerk niet actief deelneemt aan de strijd voor vrede en recht, zowel op economisch als op rassengebied, zal zij de trouw van miljoenen verliezen en zullen de mensen overal van haar moeten zeggen dat zij haar erfgoed heeft laten verkommeren.' (Strength to Love, 1963)

Als baptistenpredikant en als bevoorrechte kerkelijke getuige noemde Martin Luther King twee belangrijke wapens die de Kerk bezat: *de stem en de sociale actie*. Via opvoeding, onderwijs en cultuur kan de Kerk aantonen dat racisme gebaseerd is op angst en dat de idee van een minderwaardig ras complete nonsens inhoudt. Via haar stem kan de Kerk aantonen dat zwarten van nature niet minderwaardig zijn en dat, bij gelijke kansen, de zwarte gemeenschap gelijke resultaten kan behalen. Behalve haar profetische stem kan de Kerk ook haar sociale bewogenheid uitspelen. King vond het verbijsterend dat het tijdstip van de grootste segregatie in christelijk Amerika op zondagochtend viel, om 11 uur, het tijdstip waarop vele gelovigen zich in het kerkgebouw bevinden. Op datzelfde uur staan de gelovigen recht en omarmen elkaar broederlijk, terwijl ze even later alle goede voornemens vergeten zijn. De Kerk kan niet rustig blijven toezien, de Kerk moet optreden. In die zin kreeg Martin Luther King in Montgomery een prachtig voorbeeld van hoe de Kerk haar sociale bewogenheid en verantwoordelijkheid maximaal kon ontplooien. Kings voorganger in de bekende Dexter Avenue Baptist Church was uit eikenhout gesneden. Vernon Johns, een zwarte baptistenpredikant en vurig pacifist, liet zich niet intimideren door de toenmalige segregatiewetten en ging gewoon zitten in de bus waar hij wilde gaan zitten. Hij koos de stoel die voor hem het geschikst leek en stond nooit op. Ontelbare keren werd Johns opgepakt, geïntimideerd, uitgescholden, maar hij gaf nooit toe. In zijn eerste boek schreef King over Johns: 'Hij was een briljant spreker met een creatieve geest en een ongelooflijk sterk geheugen. Hij kende geen vrees en zou nooit een onrechtvaardigheid dulden zonder zijn stem ertegen te verheffen. Toen hij nog predikant was, ging er nauwelijks een zondag voorbij dat hij niet van leer trok tegen de zelfgenoegzame laksheid. Dikwijls verweet hij zijn gemeenteleden dat zij wel prat gingen op hun vele academische graden, doch juist datgene misten wat dergelijke graden de mens bijbrachten, te weten een gevoel van eigenwaarde.' (Stride Toward Freedom, 1958) Vermelden we nog dat de Amerikaanse regisseur Kenneth Fink in 1993 een prachtige biografische tv-film produceerde met als titel *The Vernon Johns Story.*

Personalistisch godsgeloof

Martin Luther King en Edward Schillebeeckx verstonden elkaar ook op het gebied van spiritualiteit. In Schillebeeckx' trilogie over Jezus Christus kan de lezer tussen de regels een duidelijk *personalistisch godsgeloof* distilleren en de schrijver bevestigt dat ook in talrijke interviews: 'Een God die alleen maar een mysterie is, tot wie je niet kunt bidden, dat is pure leegte, dan kan je evengoed niet geloven in God. Ik stel Hem voor als een persoon, maar niet zoals een mens. Als God bestaat, moet Hij minstens een gevoelsleven hebben, een denkleven, een liefdesleven, iets in de aard van mensen maar dan op goddelijke wijze. Maar we kunnen ons dat moeilijk voorstellen, we hebben daar als mensen geen begrippen voor.'

Via zijn intense studiejaren en christelijke opvoeding kwam Martin Luther King aan de universiteit van Boston tot het personalisme. Via het gedachtegoed van Immanuel Kant vormde het personalisme de sleutel tot het begrijpen van de werkelijkheid bij de menselijke persoon en daarbij baseerde men zich op twee basisprincipes: ieder mens is uniek omdat ieder mens kind van de Vader is. Via zijn goddelijke afstamming bezit de mens een onvervangbare waarde om de wereld te vernieuwen en de loop van de geschiedenis grondig te wijzigen. Dat personalisme werd tevens Kings diepste spiritualiteit. Oprecht zocht King zijn toevlucht tot een vertrouwvolle, vergevende, creatieve, machtige, medelijdende Vader die hem bijstond en hem levensvreugde schonk. King was een diepgelovig man en zou nooit de innerlijke band met zijn persoonlijke ervaringswerkelijkheid versmaden. Na zijn grootse overwinning in Birmingham sprak King gelouterd: 'Gods aanwezigheid houdt niet op bij de deur van een gevangeniscel. God is mijn celgenoot geweest. Toen we op Goede Vrijdag besloten om een daad te stellen, was God erbij. In het diepst van de nacht was de dag aangebroken. Ik weet niet of de zon scheen op dat moment, maar ik weet wel dat ik die dag het licht weer kon zien.' (Why We Can't Wait, 1964)

Christelijke identiteit bij Martin Luther King

Voor Edward Schillebeeckx zijn christenen niet per se betere mensen. Je wordt uiteindelijk niet beoordeeld op het Alleluja dat je hebt gezongen, maar wel op het glas water dat je aan een arme op straat hebt gegeven. Voor pater Schillebeeckx betekende christen zijn je geweten volgen, solidair zijn of je leven desnoods voor anderen kunnen prijsgeven. Schillebeeckx' christelijke identiteit vertrok en eindigde steeds bij de waardigheid van de menselijke persoon en de heilsbelofte van God, die als een persoonlijke Vader hier en nu bij ons is.

Martin Luther King vertrok van Immanuel Kants autonome ethiek: behandel de mens steeds als doel, nooit als middel. Vanuit dat respect voor de menselijkheid van de mens en de nabijheid van de Vader, verdichtte King zijn identiteit tot een radicale christelijke identiteit. King leefde als radicaal christen omdat hij er alles voor over had om de wortels van gelijk welk probleem aan te snijden en omdat hij een terugkeer naar het oorspronkelijke christendom wenselijk achtte. King behandelde geen oppervlakkige symptomen, die tijdelijke wantoestanden openbaarden, maar als profeet ging hij op zoek naar fundamentele oplossingen voor fundamentele problemen. In zijn *geweldloos engagement, zijn visie van de beloved community, zijn personalistisch godsgeloof* vinden we zijn radix-denken terug. Na zijn politieke strijd voor burgerrechten in de Deep South, wilde King tot de wortel van de Amerikaanse natie doordringen door een sociaal-economische strijd in de hele Verenigde Staten te voeren. Als profetisch leider gaf King nooit toe, hij kon niet zwijgen, misschien was het allemaal sterker dan hemzelf.

Kings radicaliteit betekende *een christelijke radicaliteit*. Als ware christen was Martin Luther King bereid om zijn eigen beperkingen en die van de maatschappij onder ogen te zien of te overstijgen in het licht van zijn geloof. Als christen vocht hij tegen zijn onevenwichtig karakter, maar als christen had hij ook de moed om onvoorziene wegen te gaan. Zijn aanvankelijke keuze om arts te worden liet hij varen; zijn theologiestudies deed hij in een blank en noordelijk instituut; zijn kansen om professor aan een universiteit te worden, begroef hij door te kiezen voor Montgomery; zijn zware nederlaag in Albany maakte hem niet moedeloos; de tegenkantingen van Black Power kon hij aanvankelijk goed verdragen; de talrijke intimidaties door Hoover trachtte hij te verwerken door intensieve arbeid en zijn latere misverstanden met de zwarte gemeenschap wilde hij zeker niet minimaliseren. Eigenlijk gedroeg King zich zowel introvert als extravert, bij vrienden erg open maar als het erop aankwam erg gesloten. Zijn historische overwinningen, charismatisch karakter en de toenemende publieke belangstelling verstevigden zijn gespletenheid en maakten King geregeld depressief gedurende de laatste jaren van zijn leven. Rust was hoognodig. Meer dan wie ook voelde King de tijdgeest aan en verlangde hij – als christen – zin te geven aan die tijdgeest.

De bergtop

In het openbaar sprak Martin Luther King vaak over *zijn eigen dood*. Gedurende de Montgomerybusboycot (1955-1956) suggereerde hij dat 'het martelarenbloed het zaad zou kunnen zijn van het tabernakel van de vrijheid' en na de veldslag in Albany (1962) sprak hij ontnuchterend: 'Het is mogelijk dat ik ten gevolge van de strijd gekruisigd word. Het is mogelijk dat ik moet sterven. Maar zelfs als ik sterf in de strijd, verlang ik ernaar dat gezegd wordt dat Hij stierf om mij vrij te maken.'

Het onnoemelijke lijden van de slavernij en de hoop op bevrijding kenmerkten Kings zwarte roots. King wist dat de zwarte gemeenschap leefde vanuit de hoop, waarvan de oorsprong lag in het ontstaan van de eerste zwarte christelijke gemeenten aan het einde van de achttiende eeuw. De hoop op betere tijden fundeerde zich op de joodse exodus-ervaring, die bevrijding en verlossing bracht voor ontheemde mensen. Vanuit die religieuze traditie sprak Martin Luther King zijn eschatologische hoop uit. Vanuit zijn diepgelovige christelijke identiteit kon Martin Luther King op 3 april in de Mason Temple in Memphis onderstaande apocalyptische woorden uitspreken. Woorden die vandaag nog steeds nazinderen:

> *Ik weet niet wat er vandaag gaat gebeuren.*
> *We gaan moeilijke dagen tegemoet.*
> *Maar het maakt mij niets meer uit.*
> *Want ik ben op de bergtop geweest.*
> *En het maakt mij niets meer uit.*
> *Net als iedereen zou ik graag een lang leven hebben,*
>   *ik zou graag oud worden.*

Maar dat is niet waar ik me nu mee bezighoud.
Ik wil slechts Gods wil doen.
En Hij heeft mij toegestaan de berg te beklimmen.
En ik heb op te top rondgekeken, en ik heb het Beloofde Land gezien.
Misschien lukt het mij niet om er met jullie te komen.
Maar ik wil dat jullie weten dat wij als volk het Beloofde Land
*   zullen bereiken.*
En ik ben blij vanavond. Ik maak me geen zorgen. Ik ben voor
*   niemand bang.*
Mijn ogen hebben de glorie van de wederkomst van de Heer gezien.

BIBLIOGRAFIE

ANSBRO, J., *Martin Luther King, Jr.: The Making of a Mind,* Orbis Books, Maryknoll/ New York, 1982.

BASCIO, P., *The Failure of White Theology. A Black Theological Perspective. (Martin Luther King, Jr. Memorial Studies in Religion, Culture and Social Development, vol.3),*Peter Lang, New York, 1994.

BENNETT, L., *Amerikanen van het eerste uur. De geschiedenis van de negers in Amerika (vert.),* In den Toren, Baarn, 1968.

BRANCH, T., *De geschiedenis van een droom: Amerika onder Martin Luther King en de Kennedy's (vert.),* Balans, Amsterdam, 1990.

BURGGRAEVE, R. (red.), *Pacifisme: De politiek van Jezus? De betekenis van Jezus' uitspraken over geweldloosheid en vijandsliefde voor een christelijk geïnspireerde ethiek en politiek van vrede,* Cahiers voor Vredestheologie n°1, Acco, Leuven / Amersfoort, 1987.

BURGGRAEVE, R. (red.), *Van rechtvaardige oorlog naar rechtvaardige vrede. Katholieken tussen militarisme en pacifisme in historisch-theologisch perspectief,* Kadocstudies 15, Universitaire Pers, Leuven, 1993.

CARSON, Cl., *In Struggle: SNCC and the Black Awakening of the 1960s.,* Harvard University Press, 1981.

CARSON, Cl., *The Papers of Martin Luther King, Jr., A Guide to Research on Martin Luther King, Jr. and the Modern Black Freedom Struggle; vol.1: Called to Serve; vol.2: Rediscovering Precious Values; vol.3: Birth of a New Age; vol.4: Symbol of the Movement; vol.5: Treshold of a New Decade,* University of California Press, Berkeley/Los Angeles/London, 1989-2005.

CARSON, Cl., *De autobiografie. Martin Luther King, Jr. (vert.),* Arena / Kritak, Amsterdam, 1998.

DE BLEECKERE, S., *Geschiedenis van de hedendaagse wijsbegeerte,* Agora Instituut voor Christendom en Wijsbegeerte, Leuven, 1997.

DE BLEECKERE, S., *Leren filosoferen. Meedenken met onze tijd,* Pelckmans/Klement, Kapellen/Kampen, 2002.

DE MARGERIE, B., *Reinhold Niebuhr. Théologien de la Communauté Mondiale*, Desclée De Brouwer, Mechelen, 1969.

DOWNING, F.L., *To See the Promised Land. The Faith Pilgrimage of Martin Luther King, Jr.*, Mercer University Press, Macon (Georgia), 1986.

FAIRCLOUGH, A., *To Redeem the Soul of America: The Southern Christian Leadership Conference and Martin Luther King, Jr.*, University of Georgia Press, Athens, 1987.

FAIRCLOUGH, A., *Better Day Coming. Blacks and Equality, 1890-2000*, Viking Penguin, New York, 2001.

FRANKLIN, J.H., *From Slavery to Freedom. A History of Negro Americans*, McGraw-Hill Publishing Company, Londen, 1988.

GARROW, D., *Protest at Selma. Martin Luther King, Jr. and the Voting Rights Act of 1965*, Yale University Press, Londen, 1978.

GARROW, D., *Bearing the Cross: Martin Luther King, Jr. and the Southern Christian Leadership Conference*, Vintage Books, Londen, 1993.

GOMES, R.C., *From Exclusion to Inclusion: the Long Struggle for African American Political Power*, Westport Greenwood Press, New York, 1992.

HAMPTON, H., *Voices of Freedom: An Oral History of the Civil Rights Movement from the 1950s through the 1980s*, Bantam Books, New York, 1990.

HANSSENS, J., *Christelijke ethiek en atoombewapening/atoomoorlog*, Uiteenzetting voor de Algemene Vergadering van het Interdiocesaan Pastoraal Beraad, 1981.

HANSSENS, J. (red.), *Vierend en bezinnend. Vredesweek 2001. Actieve geweldloosheid in zeven stappen*, Pax Christi Vlaanderen / Kerk en Wereld, 2001.

KALSKY, M. (e.a.), *Ons rakelings nabij. Gedaanteveranderingen van God en geloof. Ter ere van Edward Schillebeeckx*, DSTS/Meinema, Nijmegen/Zoetermeer, 2005.

KERREMANS, B., 'De verantwoordelijkheid van de politiek. Internationale antwoorden op de minderhedenproblematiek', in *Wij waren hier het eerst. Etnische minderheden in Centraal- en Oost-Europa*, Davidsfonds, Leuven, 1996, pp. 171-197.

KERREMANS, B. (red.), *Nooit meer oorlog? Europa en conflictpreventie*, Davidsfonds/Leuven, Pax Christi/Vlaanderen, 2001.

KING, M.L., *Stride Toward Freedom. The Montgomery Story*, Harper & Row, New York, 1958.

KING, M.L., *Why We Can't Wait*, Mentor Penguin Books, New York, 1964.

KING, M.L., *Where Do We Go From Here: Chaos or Community?*, Harper & Row, New York, 1967.

KING, M.L., *The Trumpet of Conscience*, Harper & Row, New York, 1967.

KING, M.L., *The Measure of a Man*, Pilgrim Press, Philadelphia, 1968.

KING, M.L., *Strength to Love*, Fortress Press, Philadelphia, 1981 (1963).

KING, M.L., *Waarom wij niet langer kunnen wachten (vert.)*, H. Meulenhoff, Amsterdam, 1963.

KING, M.L., *Martin Luther King wandelt in de liefde (vert.)*, Van Loghum Slaterus, Arnhem, 1964.

KING, M.L., *Rosa stond niet op… de kracht van geweldloos verzet (vert.)*, Ten Have, Baarn, 1984.

KING, M.L., *Waar gaan wij heen? Chaos of gemeeenschap? (vert.)*, Van Loghum Slaterus, Arnhem, 1968.

KÜNG, H., *Christen zijn (vert.)*, Gooi en Sticht, Hilversum, 1976.

KÜNG, H., *Mondiale verantwoordelijkheid. Aanzetten voor een verbindende ethiek (vert.)*, Kok/Kampen, Altiora/Averbode, 1992.

LEWIS, J., *Walking with the Wind. A Memoir of the Movement*, Simon & Schuster, Nen York, 1998.

MARITAIN, J., *Mens en Staat (vert.)*, Lannoo, Tielt/Den Haag, 1966.

MURRAY, P.T., *The Civil Rights Movement: References and Resources*, Maxwell Macmillan International, New York, 1993.

NIEBUHR, R., *Geloof in de politiek (vert.)*, Uitgeversmaatschappij W. De Haan, Bussum, 1970.

NOACK, H.G., *L'insurrection pacifique de Martin Luther King (trad.)*, Editions Alsatia, Parijs/Colmar, 1967.

NORTON, M.B. (edit.), *A People and A Nation. A History of the United States. Vol.1: to 1877;Vol.2: since 1865*, Houghton Mifflin Company, Boston, 1990.

PYATT, S.E., *Martin Luther King, Jr.: An Annotated Bibliography. Bibliographies and Indexes in Afro-American and African Studies (number 12)*, Greenwood Press, New York/Londen, 1986.

ROUSSEAU, J-J., *Het maatschappelijk verdrag of beginselen van staatsrecht (vert.)*, Wereldbibliotheek, Amsterdam/Antwerpen, 1953.

SCHAEKEN, W., *Meesters in spiritualiteit. Martin Luther King*, Altiora, Averbode, 2003.

SCHAEKEN, W., 'Een historische kadrering', in *Cinemagie. Tijdschrift voor Filmkunst en Beeldopvoeding*, 43ste jg., herfstnummer 2004, pp 43 - 47.

SCHAEKEN, W., 'Bloody Sunday', in *Cinemagie. Tijdschrift voor Filmkunst en Beeldopvoeding* 42 ste jg., lentenummer 2004, pp 14 - 23.

SCHILLEBEECKX, E., *Politiek of mystiek? Peilingen naar de verhouding tussen religieuze ervaring en sociale inzet. Verslagboek van de lezingscyclus politieke theologie en spiritualiteit (Universiteit Nijmegen)*, Emmaüs, Brugge, 1973.

SCHILLEBEECKX, E. (red.), *Mystiek en politiek. Studies bij de zestigste verjaardag van Johann Baptist Metz*, Ten Have, Baarn, 1990.

SCHULTE NORDHOLT, J.W., *De Verenigde Staten. Het grote experiment,* J.M. Meulenhoff, Amsterdam, 1965.

SCHULTE NORDHOLT, J.W., *In de schaduw van een groot licht. De negerrevolutie in Amerika,* Van Loghum Slaterus, Deventer, 1971.

SCHULTE NORDHOLT, J.W., *Amerika's groei tot internationale verantwoordelijkheid,* Meulenhoff Educatieve Uitgeverij, Amsterdam, 1977.

SCHULTE NORDHOLT, J.W., *Triomf en tragiek van de vrijheid. De geschiedenis van de Verenigde Staten,* Meulenhoff, Amsterdam, 1992.

SHARP, G., *Theorie en praktijk van de geweldloze actie (vert.),* Het Spectrum, Utrecht/Antwerpen, 1982.

SMITH, K, ZEPP, I., *Search for the Beloved Community: The Thinking of Martin Luther King, Jr.,* Judson Press, Valley Forge, 1975.

SOLLE, D., *In het huis van de menseneter. Teksten over vrede (vert.),* Ten Have, Baarn, 1981.

SOLLE, D., *Waar het visioen ontbreekt verwildert het volk (vert.),* Ten Have, Baarn, 1986.

SOLLE, D., *Droom Mij, God. Bijbelse thema's met lastige politieke vragen (vert.),* Ten Have, Baarn, 1997.

TUTU, D., *Geen toekomst zonder verzoening (vert.),* De Bezige Bij, Amsterdam, 1999.

WALTON, H., *The Political Philosophy of Martin Luther King, Jr.,* Greenwood Press, Connecticut, 1971.

WASHINGTON, J.M., *A Testament of Hope: The Essential Writings of Martin Luther King, Jr.,* Harper & Row, San Francisco, 1986.

WEBER, M., *De strijd van de Afro-Amerikanen voor gelijke burgerrechten (vert.),* Ars Scribendi, Harmelen, 1998.

WEISBERG, H., *Frame-Up: The Martin Luther King / James Earl Ray Case. Containing Suppressed Evidence,* Outerbridge and Dienstfrey, New York, 1970.

WILLIAMS, J.A., *The King God didn't Save: Reflections on the Life and Death of Martin Luther King, Jr.,* Coward-McCann, New York, 1970.